Rally dos Sertões

Bastidores e Emoções
Por um Olhar Feminino

Rally dos Sertões

Bastidores e Emoções Por um Olhar Feminino

Grace Knoblauch

DUNYA

QUALITYMARK
15 ANOS

Copyright© 2005 by Grace Knoblausch

Todos os direitos desta edição reservados à Qualitymark Editora Ltda.
É proibida a duplicação ou reprodução deste volume, ou parte do mesmo, sob qualquer meio, sem autorização expressa da Editora.

Direção Editorial
SAIDUL RAHMAN MAHOMED
editor@qualitymark.com.br

Produção Editorial
EQUIPE QUALITYMARK

Capa
WILSON COTRIM
(Capa baseada no modelo preliminar da autora: Grace Knoblausch)

Editoração Eletrônica
SERRANO

Fotografia
RICARDO ZINNER

CIP-Brasil. Catalogação-na-fonte
Sindicato Nacional dos Editores de Livros, RJ

K78r

Knoblausch, Grace

Rally dos Sertões : bastidores e emoções por um olhar feminino / Grace Knoblausch – Rio de Janeiro : Dunya, 2005
164p. :

ISBN 85-7303-576-5

1. Knoblausch, Grace. 2. Rally Internacional dos Sertões. 3. Ralis – Brasil
I. Título.

05-2139

CDD 796.70981
CDU 796.70810

2005
IMPRESSO NO BRASIL

Qualitymark Editora Ltda.
Rua Teixeira Júnior, 441
São Cristóvão
20921-400 – Rio de Janeiro – RJ
Tel.: (0XX21) 3860-8422

Fax: (0XX21) 3860-8424
www.qualitymark.com.br
E-Mail: quality@qualitymark.com.br
QualityPhone: 0800-263311

Dedicatória

Dedico este livro aos meus pais, Peter e Zezé, por terem percorrido tantos caminhos deste *Rally* da vida, passado por lindas paisagens, rios de pedras, solavancos intensos e, com mágica sabedoria, ter entregue uma planilha de navegação assinalando os melhores e piores trechos, incentivando para acelerar em alguns momentos e em outros, simplesmente, parar para escutar a magnitude do silêncio da natureza ou da centelha que pulsa aqui dentro de mim.

Parece estranho uma dedicatória *in memorium*, mas dedico também aos meus ancestrais, pelo exemplo deixado de coragem e sangue quente dos desbravadores. O Velho Clark, que deixa a Inglaterra para construir ferrovias do açúcar no Nordeste, trazendo a Millie, uma *lady*. Gustav que chega com sua esposa, Hanna, da Alemanha para empreender atividades no Brasil, como escolas, hospitais, jornais e igrejas. Meus avós paternos, Bernando e Camila – ela faleceu enquanto eu estava por chegar – um casal que se amou até a última lágrima em vida e, claro, aquele "tempero brasileiro", deixado pelos meus avós maternos, Tonho e Lydia, que viajaram de Minas Gerais para vencerem em São Paulo, com seus 11 filhos.

Finalizo este agradecimento à minha irmã Maria Luiza e a meu querido Andreas, exemplos vivos de pessoas vencedoras e como estrelas luminosas, cintilam um especial carinho na minha vida.

Agradecimentos

É chegada a hora dos agradecimentos, que privilégio poder agradecer aqueles que me ajudaram.

Começo pelo Max von Steinhart, pela motivação e incentivo a participar do *Rally dos Sertões*, ao Salvador Cordovil Junior por apresentar-me à equipe que participei.

À diretoria da *Datastream*, empresa em que trabalho e uma das patrocinadoras da equipe. Quanto devo ao incentivo da Claudia Vazquez, Daniel Figueiredo, Kevin Mascarenhas e Carlos Pallotti, sempre estimulando a sermos mais do que profissionais.

Bia Sangy e Denise Barbosa, vocês fizeram um trabalho maravilhoso na assessoria de imprensa pela *Informare* e ao Fernando Vannucci e Alê Terra, diariamente iniciando nossas participações, ao vivo, no rádio com o "Alô Você" tão marcante aos brasileiros.

Aos queridos companheiros de equipe, que a partir de agora são personagens no imaginário dos leitores. Nossas experiências fizeram esta história.

Como agradecer aos pilotos Éderson e Luis, pela pura garra de competir? Ao Sr. José e D. Dora que me mostraram o amor verdadeiro que só os pais são capazes de sentir. A energia intensa do Maurício em chefiar uma equipe, a paciência do Gildo no apoio e profissionalismo do Críscio e Edhy em lidar com Motorhomes.

Agradeço à *Bike Box*, representada pelo Avê e Soninha e aos seus mecânicos, Duda e Bonitinho, pessoas que trabalharam madrugada após madrugada para que a manutenção dos quadris fosse impecável.

Nenhuma linha poderia ser escrita sem a prévia autorização da *Dunas Race* e a *Vipcomm*, por isso Simone Palladino, Andréa Félix e Ricardo Ribeiro valeu pelo incentivo e forma respeitosa com que vocês trataram o projeto.

Após o livro pronto, agradeço aos amigos que ainda não citei e que também me ajudaram, Salete e Graziella Tognato, Gustavo Kauffman, Haroldo Soares, Erika Fantin, Mariana Salles, Ricardo Zinner, Denise Jancar e José Carlos Leal.

A Erika Sato, pelo incentivo ao envio do e-mail que gerou o convite para escrever este livro, por isso segue o meu grande agradecimento ao Sr. Mahomed, que captou a emoção viva, pura e sincera nas entrelinhas do texto e decidiu que publicar o diário de bordo seria a nossa chance de mostrar um Brasil com suas diferenças, ele acreditou em mim e confiou neste trabalho, espero meu amigo, ter cumprido e honrado o seu convite.

Apresentação

E chega aquele momento em que você está tranqüila, sem grandes compromissos, quando se lembra que, ou por amizade, ou afinidade, um dia se comprometeu a ler o livro escrito por Grace.

Como o tema não era de meu interesse, pois não sou muito de esportes, comecei a leitura, devo confessar, sem muito entusiasmo. Qual não foi o meu espanto, quando me obriguei a parar, pois já estava quase no fim, percebendo com quão profunda sensibilidade a escritora nos amarra, arrasta e transporta para uma aventura, nos levando a participar, com ela, de cada experiência vivida.

Tudo tão novo para mim, todos aqueles problemas técnicos que fazem parte de uma competição, aquela gente na sua rotina simples, onde se vê tanta sabedoria, contraste gritante com os problemas da nossa São Paulo e tudo dentro desse encantador olhar feminino... Vou ler outra vez!!

É um livro gostoso de ler, que nos leva pra longe, e pra dentro de nós mesmos, a refletir em tantas coisas simples e belas que aí estão e não vemos. Não percebemos quão grande é a luta, a garra de um competidor a fim de alcançar seu objetivo, sua vitória. É lindo saber e ver que nosso Brasil nos dá isso também.

Salete Borges Tognato
Consultora

Sumário

Introdução
 (Sonho) 1

O Livro
 (Realização) 5

Sobre o Rally
 (Grande Aventura) 21

21 de julho: São Paulo – Goiânia
 (Contratempos) 27

22 de julho: Orlândia – Goiânia
 (Descoberta) 41

23 de julho: Prólogo
 (Testes) 51

24 de julho: Goiânia – Padre Bernardo
 (Separação) 61

25 de julho: Padre Bernardo – Porangatu
 (Missão Cumprida) 75

26 de julho: Porangatu – Palmas
 (Saudade) 87

27 de julho: Palmas – Colinas
(Carta Fora do Baralho) 95

28 de julho: Colinas – Araguaína
(Caleidoscópio) 105

29 de julho: Araguaína – Carolina
(Simplicidade) 113

30 de julho: Carolina – Barra do Corda
(Espera) 125

31 de julho: Barra do Corda – Barreirinhas
(Angústia) 133

1º de agosto: Barreirinhas – São Luiz do Maranhão
(Amizade) 141

Introdução
(Sonho)

Grace Knoblauch

Depois do tempo entre sonhar e realizar, aqui estou para mais uma aventura: escrever um livro.

Quando recebi o convite para mais este desafio, de início me surpreendi com a oportunidade. Primeiro foi a grande alegria em poder contar das emoções de uma das minhas aventuras mais deliciosas – participar do *Rally dos Sertões* como enviada especial. A cada etapa pude conhecer um pouco mais sobre mim mesma, admirar o meu povo brasileiro e a força que habita cada um de nós.

Agora eu me deparo com a dificuldade em expressar toda esta emoção. Da mesma forma que não sou assessora de imprensa, e mesmo assim encarei este desafio no Rally, eu também não sou uma escritora e agora passo por todos os desafios de quem não tem o costume de se sentar em frente à tela para escrever um livro. Veja só, um livro!

Estão diante dos meus olhos inúmeras palavras e diante de minha mente inúmeros registros. Meu coração está cheio de emoção e eu não faço a menor idéia de como encadeá-los de maneira lógica e de maneira que faça algum sentido para você.

É um cuidado todo especial com a escolha das palavras. Uma arte de fazer com que elas não sejam somente palavras lidas, mas sim transmissoras da energia dos instantes e condutoras das emoções vividas. Este é o objetivo deste livro: levar emoção.

O que adianta uma grande história sem a emoção e a imaginação do leitor? O meu convite é para que juntos possamos redescobrir o *Rally dos Sertões* dentro de nós. Reviver alegrias e tristezas. Da minha parte prometo que vou dar o melhor de mim para reconstruir o cenário que vivi. Poderemos fazer essa viagem juntos. É uma questão de imaginação. Afinal de contas, até mesmo eu, que estive lá no Sertão, somente poderei reviver desta forma.

Por isso, apenas sugiro que você se liberte, deixe-se solto, viaje comigo pelo Brasil, viaje comigo em seu coração, ligue uma musiquinha caso você não tenha o canto das cigarras ou o barulho do mar por perto, mas, por favor, eu lhe faço um único pedido: sinta.

O Livro
(Realização)

●●➡ *Grace Knoblauch*

Escrever um livro sobre as emoções e lições que tirei do *Rally dos Sertões* é algo mágico. É um vaivém de lembranças que se transformam em palavras, texto e saudade.

Este convite foi feito pelo Sr. Mahomed, editor da Editora Qualitymark. Eu o conheci em uma feira em Salvador, durante o lançamento de uma coleção de livros sobre manutenção. Assim que ouvi seu nome perguntei: "Mas não é mais comum Mohamed?". Bastou ele me dizer que o nome dele era indiano para eu começar a cantar musiquinhas que tinha decorado mas cuja tradução não fazia a menor idéia: "*Kuch kuch hota hai?*" Ele traduzia: "Algo acontece no meu coração".

Ao retornar do *Rally*, estava ainda tensa com tantos acontecimentos quando a Erika Sato, uma amiga marcante na minha vida, sempre "abrindo caminhos", sugeriu que eu escrevesse um e-mail aos meus amigos sobre o retorno. Eu tinha expressado toda a expectativa ao ir e seria estranho não contar o resultado.

Fiz o e-mail com algumas impressões sobre minha viagem e, entre respostas emocionadas, recebo o convite para este livro. "Sr. Mahomed. O senhor tem certeza deste convite?". Ele apenas disse que adoraria publicar um livro sobre *Rally*, um esporte que ele praticava em Moçambique. Além do que, poderiam existir muitos livros sobre *Rally*, mas quais seriam retratados sob o olhar feminino, além de tratar puramente do Brasil?

Tento buscar uma origem para este projeto e me transporto ao meu carro, dirigindo na Rodovia Castelo Branco ao lado da minha irmã Maria Luiza. Nós duas conversávamos sobre a vida, principalmente sobre os nossos planos. Solteiras e sem filhos, começamos a refletir sobre o que realmente nos motivava e eu lhe perguntei: "Malu, qual proposta seria mágica? Qual atividade faria você mudar de uma hora para outra? O que seria isto?".

Ela disse que seria ter seus filhos e construir sua família e eu disse que queria ser uma enviada especial. Apesar de ser um nome chique, é uma atividade simples e humana. Eu queria sair pelo mundo, visitando países distantes, vilarejos com casinhas escondidas e ver como as pessoas vivem, o que comem, suas danças típicas e conhecer sua organização política, religiosa e saber como se relacionam.

Este país poderia ser qualquer lugar – Índia, Alemanha ou Brasil –, desde que o fruto desta "reportagem" fosse um relato humano, um aprendizado, uma lição de vida. A oportunidade de ser os olhos das pessoas numa terra muitas vezes distante, saber extrair o que aquela comunidade esconderia de especial e transmitir esta emoção por rádio, televisão, jornal, revista ou que fosse um grupo de pessoas. Eu queria me sentir a ponte entre o coração de quem lê e o coração de quem vive.

Uma forma de dizer que somos um só. Seja lá onde e como vivemos, estamos em evolução e, mesmo cada um tendo o livre arbítrio para fazer as escolhas mais diferentes, sabemos que lá dentro existe um ser em comum que é tão divino quanto todos os que habitam este mundo.

O que é este mundo sem amigos? Como são preciosos em todos os momentos! Amigos são mágicos, carregam dentro de si oportunidades para o crescimento mútuo – basta trocarmos as idéias e os planos. Foi justamente assim que a porta para participar do *Rally* se abriu.

Conversando com meu primo, Salvador Cordovil Junior, sobre *jeep willys*, aventura e passeios na natureza, acabamos esbarrando no *Rally*. Ele se lembrou do Éderson, um amigo que iria participar do *Rally dos Sertões* e quem sabe eu poderia ir junto?

Na semana seguinte marcamos um *happy hour* para ajustarmos nossas idéias e verificar se realmente seria possível.

Foi tudo muito rápido. O Éderson simplesmente perguntou: "O que você sabe fazer?". E eu respondi com uma pergunta: "Do que a equipe está precisando?". Eles precisavam de alguém para fazer a comunicação. Eu disse que era isso mesmo que eu poderia ajudar, ele aceitou a idéia e a partir daquele instante era a hora de começar a criar uma estratégia e me organizar para passar tantos dias fora. Era tanta alegria que eu mal podia me conter.

Aquela idéia de registrar emoções aconteceria, eu teria muito material de inspiração, o sertão, a competição, a aventura, a garra e solidão dos pilotos. Rasgando o Brasil e observando a transição das pessoas e da natureza.

Sentir a natureza é uma experiência espiritual e, num exercício descompromissado de observação, divagamos, contemplando e agradecendo. Ela é um altar, talvez de uma religião criada fruto de um profundo respeito por esta sintonia harmônica.

Esse exercício é muito importante no dia-a-dia. Essa paz pode ser encontrada até mesmo num *trekking*, em que é possível parar por uns instantes e sentir a vibração das árvores, a forma das nuvens, o perfume que vem de dentro da mata, o canto dos pássaros. Estar neste meio é um privilégio, é um exercício do sentir e, sem o sentir, como entender e expressar as experiências?

E por falar em experiência, o tempo passava e o *Rally* estava chegando. Com uma equipe definida, começamos a percorrer uma verdadeira maratona de procedimentos, técnicas e preparativos. São logos, camisetas, adesivos e visual do ônibus. Os quadriciclos precisam estar prontos!

Existia um passo fundamental neste processo. Eu precisava ser liberada pela Datastream, empresa em que eu sou gerente de marketing do Brasil. Como fazer isso? Coloquei um ponto em comum entre o *Rally* e a empresa – a manutenção, já que trabalhamos com tecnologia para manutenção.

A mensagem era direta: enquanto os pilotos correm de dia, a manutenção corre de noite. Enquanto a equipe de apoio garante a continuidade da competição por meio da manutenção do veículo, empresas também garantem a continuidade de suas operações pela manutenção, não precisando parar por falha no equipamento. A manutenção decide a continuidade de processos, na medida em que garante a disponibilidade dos equipamentos e infra-estruturas necessárias para cumprir os objetivos, sejam comercias ou num *Rally*, como era o caso.

Feita a ligação entre os objetivos, inseri minha viagem dentro do contexto profissional do meu dia-a-dia, agreguei mais responsabilidade, pois, além de trabalhar a comunicação dos pilotos, faria o diário de bordo da equipe, ressaltando os aspectos da manutenção. Desta forma, consegui sair por quase 15 dias mantendo o ritmo de trabalho.

Marcamos uma reunião para que toda a equipe se conhecesse. A reunião foi na City Trailer, loja de um dos integrantes da equipe, o Maurício. A animação era plena – naquele momento todos estavam eufóricos. Quem iria correr e quem iria ajudar.

Como os homens são diferentes das mulheres! Eu observava aquela situação com o meu olhar feminino, era outro mundo. Tudo muito divertido. Eles gritavam, batiam na mesa e falavam palavrão o tempo todo e, entre um "desculpa" e outro, me avisavam que no *Rally* aquilo era normal, e era bom eu ir me acostumando.

Os pilotos Éderson Christian Alves de Oliveira e o Luis Carlos da Silva, amigos inseparáveis, iriam enfrentar esta grande prova juntos. Ambos são empresários e fazem o *Rally* por absoluta paixão pela aventura de quadriciclo.

Cada vez que eu voltava para casa, trazia comigo mais um progresso. A esperança de participar foi se tornando realidade e a realidade em responsabilidade. Eu descobria que de nada adianta abrirem as portas se não fizermos a nossa parte, e cada um tem a responsabilidade que lhe cabe para gerar os frutos deste processo.

A primeira providência foi liberar para a mídia o *release* sobre a equipe, conforme cópia abaixo:

Equipe Real Food/Datastream/Vick's/City Trailer participa do "Rally dos Sertões"

Com o apoio técnico de Andrés Marcondes e Maurício Matheus e o marketing de Grace Knoblauch, a equipe Real Food/Datastream/Vick's/City Trailer concorre na categoria quadriciclo com os pilotos Éderson Christian e Luis Carlos.

Muita adrenalina toma conta dos competidores que participarão da 11ª edição do Rally do Sertões, considerada a 3ª maior prova de off road do mundo em número de participantes e a maior da América Latina. Com largada em Goiânia no dia 23 de julho e chegada em 1º de agosto em São Luiz, no Maranhão, a corrida desse ano traz novidades, como a inclusão da cidade de Padre Bernardo, em Goiás, que será o local da primeira parada após a largada. Além disso, o número de Estados mudou com a saída da única cidade do Piauí, Miguel Alves. Deste modo, a prova vai passar por três estados: Goiás, Tocantins e Maranhão.

Os corredores já participaram da Copa Baja (Rally do Café, Energia e Campos), Rally Rota Sul, Rally RN, e estréiam este ano no Rally dos Sertões, na categoria quadriciclo, e seu gran-

de desafio é terminar a prova. "Parece algo simples de se fazer, mas a primeira participação exige muito mais da equipe: reconhecimento do local, os desafios e as etapas especiais. Estaremos combinando uma série de fatores, como velocidade, navegação, técnica, manutenção e muita atenção nos obstáculos, tudo atrelado a um ritmo alucinante", explica o piloto Éderson Christian.

Segundo Luis Carlos, o Rally dos Sertões será uma prova de fogo: "Estarei me aperfeiçoando na navegação, explorando mais o potencial do quadri e desafiando meus próprios limites."

Segundo Andrés Marcondes, que compõe o apoio técnico da equipe e contribuirá com informações estratégicas, este ano os quadriciclos estarão percorrendo toda a prova, tanto as etapas especiais quanto nos deslocamentos. "Antes os quadriciclos percorriam apenas as especiais. Na parte do deslocamento, o veículo era carregado pelo carro de apoio e liberado no início da próxima especial. Com esta alteração, os pilotos estarão percorrendo a prova no mesmo nível de dificuldade dos pilotos de moto", argumentou.

A novidade na equipe é a presença da gerente de marketing da Datastream Systems, empresa desenvolvedora de soluções para a manutenção, Grace Knoblauch. Ela participará prestando todo o apoio na parte de marketing e comunicação, e tem entre seus objetivos ressaltar a importância da manutenção em uma competição de rally. "A manutenção é decisiva para garantir a continuidade da prova no dia seguinte. Sem ela não se calcula o uso de combustível nem o desgaste dos pneus, por exemplo. Desta forma, ela é quem decide o vencedor, seja nas pistas ou nas indústrias", afirma Grace.

Segundo Éderson, o apoio da Datastream e a participação da Grace são importantes para dar força à equipe, principalmente na ênfase à manutenção. "Durante o Rally, por exemplo, haverá um desafio logo na primeira noite da competição, em Padre Bernardo (GO), onde teremos que fazer nossa própria manutenção, sem a ajuda dos mecânicos. Outro ponto que mostra a importância dela é em Araguaína (TO), local em que teremos um dia mais tranqüilo, para que possamos chegar mais cedo e fazer a manutenção dos veículos", acrescenta.

A equipe Real Food/Datastream/Vick's/City Trailer é a única equipe que possui uma mulher pilotando um quadriciclo: Irê Juliani. Apesar de ela ter interrompido sua participação no campeonato desse ano devido à sua 3ª gestação, a competidora diz estar confiante na atuação de sua equipe. "Tenho certeza de que conseguiremos enfrentar os obstáculos com garra, determinação, força de vontade e muita, mas muita adrenalina", finaliza.

Sobre a Real Food

Há 30 anos no mercado, a Real Food Alimentação mantém sede própria em Santo André, na Grande São Paulo, e ocupa uma área de 7 mil m^2. É provida com a mais alta tecnologia, equipamentos de última geração e frota própria de veículos. Suas instalações apresentam uma infra-estrutura que permite atender às necessidades de seus clientes com qualidade e produtividade. A empresa tem a preocupação de saber a procedência de seus produtos, por isso produz 20% dos produtos que utiliza. Sua missão é fornecer produtos e serviços de alimentação que, além de estarem dentro do padrão alimentar, também apresentam características mais nutritivas e saudáveis, de forma a sempre contribuir para uma melhor qualidade da saúde das pessoas.

Mais informações: www.realfood.com.br

Sobre a Datastream Systems

A Datastream, é uma empresa especializada em soluções tecnológicas para a manutenção industrial e a administração dos ativos. Mediante uma bem-sucedida implementação dos sistemas de gestão do ciclo de vida dos ativos, possibilita às companhias reduzir custos em até 30% e aumentar de maneira significativa a rentabilidade de seus clientes em 129 países.

Para mais informações, visite: www.datastream.com.br ou www.manutencaomundial.com

Sobre a Vick's Restaurante

O Restaurante será inaugurado dia 15 de agosto de 2003 e tem como característica ser um "Kilo Diferenciado". O restaurante está localizado na Av. Morumbi, nº 8.017.

Sobre a City Trailer

A City Trailer Camping está em atividade desde 1980, sempre proporcionando aos seus clientes o melhor em veículos de recreação. A empresa ocupa uma área de 1.000m² e dispõe de funcionários especializados na reforma de trailers, motor homes, campers e demais veículos de recreação, sendo hoje considerada uma das mais promissoras empresas do ramo. É o cliente quem escolhe todos os equipamentos e personaliza seu veículo, tudo devidamente planejado e construído com a mais alta tecnologia. Os vendedores recebem treinamento periódico na Fábrica, sendo que, atualmente, é revendedora da Motor Home do Brasil, que fabrica os mais modernos trailers e motor homes do país.

Mais informações: www.citytrailer.com.br.

Sobre o Rally dos Sertões

A história do Rally dos Sertões começou com a realização do Rally São Francisco, entre Ribeirão Preto e Maceió, organizado pelo arquiteto Chico Morais. Era a primeira competição do estilo rali aberta exclusivamente para motos. Em 1992 foi organizado o primeiro Rally dos Sertões, com largada em Campos do Jordão (SP) e chegada em Natal (RN), totalizando 3.500 quilômetros. Foram 34 pilotos inscritos em uma única categoria: Motos. O tema do roteiro abordou parte da história do cantor Luiz Gonzaga, passando por cidades como Exu, onde nasceu Asa Branca. Nascia a ligação da prova com temas importantes da história brasileira.

Na edição de 2002, o número total de concorrentes bateu em 214 veículos entre motos, carros, caminhões, quadriciclos e expedition (aventura), um recorde histórico. Só nas motos foram mais de 90 concorrentes. Em 2003 devem ser distribuídas 100 toneladas de alimentos. O meio ambiente não é esquecido. O grupo Os Canastras fica responsável pela coleta de qualquer lixo deixado pelo meio do caminho. O trabalho profissional da Dunas Race, empresa organizadora do evento dirigida por Marcos Ermírio de Moraes e Simone Palladino, fez com que a prova conquistasse reconhecimento internacional nesses últimos 11 anos, atraindo número cada vez maior de jornalistas. Só na edição do ano passado foram mais de 100 profissionais acompanhando o rali, o que gerou mais de 220 horas de reportagens em televisão em 40 países.

Para mais informações:
www.rallydossertoes.com.br.
Mais informações ICL Brasil/CASA
www.iclbrasil.com.br.
Assessoria de Imprensa da Datastream Systems
http://www.datastream.net/latinamerica.
Tel: 11 3821-6913 – Fax.: 11 3661-9900
Bia Sangy Mtb 35.229 – bia@casapar.com.br.
Simone Camanho – simone@casapar.com.br.

A saída estava programada para segunda-feira, dia 21 de julho de 2003. Ainda era sexta-feira, dia 18 de julho de 2003, e eu estava em pleno vapor me preparando para esta ausência. Afinal, não dá para sair para esta aventura despreparada. Existiam dois universos naquele momento. A empresa e o Rally. Era preciso deixar algumas tarefas esquematizadas e ao mesmo tempo verificar se os suprimentos para o Rally estavam prontos, sendo que na grande maioria isso estava apenas no papel.

Antes de sair decidi avisar alguns amigos, afinal, neste corre-corre, pelo menos por e-mail damos nossos recados. Pensando nisso preparei um e-mail de despedida:

Sexta-feira 18/7/2003 17:17

Amigos:
CHEGOU!!! EU VOU!!! O DESAFIO NÃO É FÁCIL!!!

Houve um dia em que eu sonhei em fazer uma viagem entrevistando pessoas, tirando fotos e repassando minhas impressões para um veículo... até então era um daqueles sonhos que os pais pensam "Minha filha ficou doida... Onde foi que eu errei?" hehehehe.

Cada um tem o seu tempo e este dia chegou...

No dia 23 de julho inicia-se em Goiânia o 11º Rally dos Sertões www.rallydossertoes.com.br. Serão 3.500km pelo sertão brasileiro, com destino a São Luiz no Maranhão. Eu estarei responsável pela divulgação das informações de uma equipe de pilotos de quadriciclo (Éderson Christian e Luis Carlos) e que tem entre os patrocinadores a Datastream, empresa em que eu trabalho.

Após o recebimento das informações a Bia estará transformando-o em um boletim diário mais sério chamado Diário de Bordo, a ser enviado para a imprensa. Se alguém não quiser receber estas mensagens, basta me avisar, mas se também desejar receber os boletins da Bia, mande um e-mail para: bia@casapar.com.br

Coloquei você nesta lista, pois, de alguma maneira, nos encontramos nesta vida tão linda e eu gostaria de compartilhar com você o meu dia-a-dia, mas me avise se você prefere não receber. Não sei se conseguirei enviar e-mails todos os dias, pois em geral as conexões à Internet são feitas nas residências dos moradores das cidades. Algo surpreendente. hehehe.

Abraços,
Grace

e-mails que estarei acessando:
graceknob@hotmail.com
diariorally@ig.com.br

Estava dado o recado. Alguns amigos responderam dando a maior força, pois sabem da minha expectativa em participar desde que conheci esta prova. Após cerca de uma hora do envio deste e-mail recebo um telefonema da Denise, da Assessoria de Imprensa, avisando que eu entraria ao vivo na Rádio News no programa do Fernando Vannucci em um boletim diário!

Estava em plena sexta-feira à noite, e iria partir para Goiânia na segunda-feira. O programa passava durante a semana e eu não teria como ouvi-lo para saber o perfil. Não haveria tempo para uma preparação mais elaborada. Afinal de contas, eu estava pronta para algo mais simples, diferente de entrar ao vivo na rádio diariamente.

O programa era ao vivo e os boletins poderiam variar de 5 a 20 minutos. Eu teria que buscar a notícia, passar com clareza e não gaguejar. A responsabilidade aumentou. Já era bárbaro fazer a comunicação da equipe e foi melhor ainda escrever o diário de bordo, porém entrar na rádio foi um êxtase.

A Denise me acalmou dizendo que o programa se chamava *Alô Você* e era feito com a participação do público em geral. Eu estaria dentro do perfil exato, sendo realmente os olhos do povo para um programa feito com declarações espontâneas. Seria como se eu estivesse telefonando para um amigo para contar as novidades do dia.

Antes de ir para casa, mandei outro e-mail.

sexta-feira 18/7/2003 18:36

Pessoal:

Notícia maluca que acabo de receber: Estaremos AO VIVO na Rádio News durante o Programa do Vannucci. Aquele sonho de enviar informações aconteceu!!! Gente!!! Que lindo isso.

Sintonize 1150 AM às 14h se não me engano.

Vocêm podem acompanhar pela Internet, bastando acessar o link: http://radionewsam.cidadeinternet.com.br/ouc.shtml

É muito bom quando ousar é a sua única opção: somente poderia saber o resultado desta experiência vivendo. Apenas peguei o telefone da Rádio e o contato para ligar na segunda-feira e fui para casa.

Em segundos eu percebi que aquele sonho que eu tanto achava impossível iria se realizar e eu estava indo para o *Rally* e, ainda por cima, seria a tal da enviada especial. Aquela idéia de visitar vilarejos, conhecer pessoas e passar a minha impressão iria acontecer.

Após esta constatação eu tive medo de morrer, parece bobo, mas é que por um instante da minha vida eu coloquei isto como um sonho. Depois que as portas de um sonho se abrem para a realidade só nos resta entrar. O universo inteiro se organiza e se articula para colocar o momento certo na vida das pessoas e é muito desperdício de esforço não entrar por esta porta.

A simples constatação de que o sonho virou realidade já me deixou em alerta. Aquele sonho não era mais impossível. Não tenho tamanho para compreender este processo, mas posso garantir que o importante é sonhar, registrar dentro de nós algo que queremos atingir e, como dizia meu avô Bernardo, "deixar o barco correr". Não precisamos definir como o sonho se realizará, deixemos isso para a vida, que, com sabedoria, vai colocar esta experiência na hora certa.

Sinto apenas que é uma questão de justiça, reflexo de uma engrenagem gigante feita de múltiplas coincidências que se moveram e resultaram num universo fantástico de possibilidades e algumas probabilidades. Até que uma se encaixou e aqui estou eu.

Antes de ir para casa fazer a mala, passei no supermercado e comprei alguns suprimentos fundamentais. Eu precisava de pilha, máquina digital, gravador para as entrevistas, fitas, baterias, lanterna, benjamim, caixa de ferramentas.

Não adianta chegar no *Rally* e depois descobrir o que era preciso levar. É preciso ao menos imaginar como seria um dia de trabalho e anotar os suprimentos necessários. Claro que tudo muda quando confrontamos os planos com a realidade, mas de qualquer forma o planejamento é necessário para minimizar alguns riscos.

Assim que saí do supermercado, passei na City Trailer para ver como estavam os preparativos finais. O clima era delicioso. A Irê, esposa do Luis, coordenava a arrumação, abastecendo com caixas de carne, refrigerantes, frutas.

Chamamos pizza e brindamos a inauguração da equipe.

Fui para casa, fiz a mala e fui dar uma pausa entre a rotina de trabalho e o *Rally* viajando para o Guarujá. Esfriar a cabeça e descansar um pouco. Foi ótimo para começar o *Rally* com outra energia. A responsabilidade do dia-a-dia na empresa me prendia à rotina de São Paulo; a ansiedade para estar no *Rally* me libertava para o Sertão. No meio deste tiroteio de emoções, o planejamento da comunicação da nossa equipe.

Não é bom sair de um turbilhão e entrar em outro. É preciso uma pausa, uma expiração entre duas inspirações. Além de tantos deveres, sempre carregamos aquele sentimento um pouco místico sobre o que poderá vir. Eu sabia o que iria encontrar no *Rally*, sabia que viveria emoções complicadas para mim, pois cada um carrega um passado por onde passa, seja ele qual for. Eu sabia que o *Rally* seria um pouco decisivo por causa disso.

Sobre o Rally
(Grande Aventura)

●●➡ *Grace Knoblauch*

Acho que vale dizer algumas palavras sobre o *Rally*. Para quem já conhece e acha interessante pular, tudo bem, mas, para quem não conhece, vale a leitura para ir formando a imagem desta aventura.

O *Rally Internacional dos Sertões* é a terceira maior prova *off-road* do mundo em número de participantes e a maior da América Latina.

Nos últimos anos a prova passou a ter também outro objetivo, além da competição. Graças ao apoio de patrocinadores, como o Banco Real, são feitas várias ações sociais durante a prova, beneficiando milhares de pessoas carentes. Em 2003 foram distribuídas 100 toneladas de alimentos. O meio ambiente não é esquecido. O grupo *Os Canastras* fica responsável pela coleta de qualquer lixo deixado pelo meio do caminho.

O trabalho sério e profissional da *Dunas Race*, empresa organizadora do evento dirigida por Marcos Ermírio de Moraes e Simone Palladino, fez com que a prova conquistasse reconhecimento internacional nesses últimos 11 anos, atraindo número cada vez maior de jornalistas. Só na edição de 2002 foram mais de 100 profissionais acompanhando o *Rally*, o que gerou mais de 220 horas de reportagens em televisão em 40 países.

O profissionalismo conquistado depois que a *Dunas Race* assumiu o evento gerou o interesse de importantes pilotos do cenário mundial para o *Rally dos Sertões*, entre eles o espanhol Jordi Arcarons, os portugueses Jorge Guerreiro, Paulo Marques e Miguel Farrajota, o chileno Carlo de Gavardo, campeão mundial de rally Cross Country em 2001, e o austríaco Heinz Kinigardner, hoje *manager* da equipe KTM, tricampeã do Rally Paris-Dakar.

O Brasil não fica atrás. Disputar o *Rally dos Sertões* é hoje o principal objetivo dos pilotos que correm no país, como Reinaldo Varela, Édio Füchter, Klever Kolberg, Riamburgo Ximenes, Guilherme Spinelli, Ingo Hoffmann, André Azevedo, Juca Bala, Jean Azevedo entre outros. Vencer a prova, então, passou a ser meta para os competidores e para as equipes de fábrica e privadas, como Mitsubishi e Chevrolet, que enxergam na vitória um forte argumento para conquistar os consumidores na hora da venda. Afinal, estamos falando de uma prova que testa no limite homens e máquinas.

A história do *Rally dos Sertões* começou com a realização do *Rally São Francisco*, entre Ribeirão Preto e Maceió, organizado pelo arquiteto Chico Morais. Era a primeira competição do estilo *Rally* aberta exclusivamente para motos. Em 1991 não foi feita a outra edição. Em 1992 foi organizado o primeiro *Rally dos Sertões*, com largada em Campos do Jordão (SP) e chegada em Natal (RN), totalizando 3.500 quilômetros. Foram 34 pilotos inscritos em uma única categoria: Motos. O tema do roteiro abordou parte da história do cantor Luiz Gonzaga, passando por cidades como Exu, onde nasceu Asa Branca. Nascia a ligação da prova com temas importantes da história brasileira.

Natal continuou sendo o destino final da segunda edição da prova, em 1994. Tendo como tema a obra *Grande Sertão Veredas*, de Guimarães Rosa, os participantes percorreram cidades como Montes Claros, Monte Azul, Bom Jesus da Lapa e o Vale do Salitre, margeando o "Velho Chico" (rio São Francisco). O percurso total foi de 4.500 quilômetros e contou com 44 inscritos de todo o país e do exterior, iniciando a fase internacional do evento.

Os resultados positivos dos dois primeiros anos deram ao *III Rally Internacional dos Sertões*, em 1995, a condição de grande evento e, principalmente, a homologação da Federação Internacional de Motociclismo (FIM). A confirmação disso veio através da participação de estrelas do motociclismo mundial do porte de Edi Orioli, da Itália, vencedor do Dakar em 1996, e os espanhóis Fernando Gil e Jordi Arcarons. A terceira edição marcou ainda a estréia dos carros 4x4, ampliando ainda mais o leque de possibilidades da prova. O tema escolhido foi *Virgulino Ferreira, o Lampião*, e o roteiro incluiu lugares como Serra Talhada, onde o "Rei do Cangaço" viveu ao lado de Maria Bonita.

Mas foi a partir de 1996 que o *Rally dos Sertões* começou a moldar sua configuração profissional. Foi criada a *Dunas Race*, tendo como meta formatar uma estrutura empresarial e moderna exclusivamente para o *Rally*, envolvendo, neste primeiro ano, mais de 300 pessoas na organização. A entrada de novos colaboradores e sócios permitiu essa mudança. Fortaleza, capital do Ceará, foi o destino final da prova, desta vez com mais de 5 mil quilômetros e 54 inscritos nas motos e 23 carros do Brasil e do exterior.

Dado o primeiro e importante passo, a *Dunas Race* começou a incrementar o *Rally* em todos os seus segmentos. A partir de 1997, graças ao novo perfil do evento, comandado então por Marcos Ermírio de Moraes e Simone Palladino, a iniciativa privada e a mídia passaram a se interessar pelo *Rally*. Os organizadores, por sua vez, colaboraram para isso com um trabalho de divulgação nacional e convites aos principais veículos de comunicação do país. Em paralelo, continuou a contar com a presença de pilotos de primeira linha do circuito mundial representando vários países. O tema escolhido no *V Rally Internacional dos Sertões* foi a *Coluna Prestes*, com chegada novamente em Natal.

Nas quatro edições seguintes (1998, 1999, 2000 e 2001), o *Rally Internacional dos Sertões* só fez crescer. Novos patrocinadores, maior número de pilotos em todas as categorias, com recorde de carros em 2000, a criação da categoria Caminhões (1999/2000), divulgação no exterior, maior divulgação nacional, entre outros fatores, consolidaram a disputa para o novo milênio. Além disso, mesclou temas históricos com ações ecológicas e sociais, contribuindo para o desenvolvimento de um país ainda desconhecido pela maioria dos brasileiros.

Fonte: *Dunas Race*

21 de julho
São Paulo – Goiânia

(Contratempos)

● ● ➡ *Grace Knoblauch*

Chega segunda-feira, o dia da minha largada. Combinamos de nos encontrar na City Trailer.

Começa a chegar o pessoal com as malas. D. Dora e o Sr. José, os pais do Luis, estavam empolgados, e disseram que era um sonho fazer uma viagem como esta. D. Dora cozinharia para nós e o Sr. José ofereceria todo apoio necessário.

Andrés Marcondes iria conosco, mas alguns contratempos acabaram impedindo sua participação. Ele acabou apenas comparecendo na despedida. As coisas mudam mesmo. Eu estava gostando da presença dele, pois com sua experiência eu conseguiria alguns atalhos e isso ajudaria no processo de aprendizagem. Tudo bem, que aconteça o melhor. Ele foi nos ver e desejou toda boa sorte para a equipe.

Já passavam das nove horas da manhã, boa hora para ligar na Rádio News, me apresentar e saber afinal de contas como seria a estréia. O primeiro contato foi com a Janaína, a nossa ponte com a rádio, e apenas combinamos o horário da entrevista.

Gildo chega para compor o time do apoio. Alguns ganham para isso, como mecânicos e assessores, enquanto outros aproveitam uma oportunidade de desempenhar funções simples dentro de uma equipe.

Talvez você possa se perguntar: "Mas o que tem de especial em desempenhar funções simples?". Experimente. Só isso que eu posso dizer. É um processo que vivemos dentro de nós e que nos faz enxergar o quanto complicamos nossa vida, principalmente quando temos todos os recursos para resolvê-la. Este estado de divagação enquanto trabalhamos nos leva a entender que podemos mudar, crescer e evoluir nosso interior. A magia se comprova quando voltamos para o nosso dia-a-dia e percebemos que o nosso ambiente ficou mais simples e fácil de lidar, ou será que nós é que ficamos mais simples e fáceis de lidar?

Eu pude aprender muito com o Gildo. Diversas vezes, enquanto escrevia meu diário de bordo no ônibus, observava o Gildo varrendo a lona distraidamente ou lavando a roupa dos pilotos com um esguichinho sem vergonha. Ele foi uma pessoa que nos cativou com sua calma, simplicidade, paciência e companheirismo.

Os mecânicos Duda e Bonitinho também estavam presentes – eles nos ajudariam com a manutenção dos quadriciclos. São nossas jóias preciosas – eles farão o jogo continuar. Por falar em manutenção, nós também precisamos dela para manter o ônibus em pleno vapor e para isso contamos com o Críscio e o Edhy, ambos pessoas deliciosas de se conviver.

Sobre o ônibus, tem algo interessante a dizer. Ele tem um adesivo de um sapo colado na traseira. É um sapo deitado bem preguiçoso chamado "Gozolândia". Isso se deve a uma conversa entre o Luis e sua esposa Irê – eles sonhavam em um dia gozar a vida. Compraram o ônibus e o transformaram em um *motor home* e hoje tudo que se refere a diversão se chama Gozolândia.

Malas no bagageiro, pessoal para dentro do ônibus, nosso chefe de equipe Maurício liga o motor e engata a primeira. Finalmente nosso grupo de nove pessoas parte para Goiânia. Buzinando sem parar e com grande alegria nos olhos, o Luis vem na seqüência dirigindo sua caminhonete.

Eu mal podia acreditar, e agora chega de sonhar e planejar. Dava até vontade de pedir para alguém me beliscar, só para eu sentir se tudo era real. Partir para uma empreitada como o *Rally* é uma delícia. Tudo é festa. A equipe estava animada. As pessoas mal se conheciam e estavam naquele clima de integração. Isso é bom, pois, afinal de contas, passaríamos os próximos 15 dias dividindo o mesmo espaço.

São Paulo começava a ficar para trás. Deixamos esta cidade junto com nosso passado, levando conosco apenas um espaço enorme no coração para ser preenchido com as surpresas que viriam.

Eu não sei de onde vinha tanta segurança. Começava a reconhecer onde estava. Éramos 11 pessoas (contando com os pilotos), nós tínhamos nos encontrado eventualmente, passaríamos 15 dias juntos, peregrinando e trabalhando juntos, vinte e quatro horas por dia, num ambiente árido, pobre, masculino e agressivo. Talvez esta segurança viesse de um sentimento de comunhão por um objetivo em comum. Não importava de onde eles vinham, mas sim o objetivo que carregavam para esta viagem.

O *Rally* aproxima você de uma pureza que carregamos dentro do peito, e talvez seja por isso que fazemos amigos em minutos. Quem tem um coração simples e transparente basta encontrar um olhar verdadeiro para se entregar numa espécie de cumplicidade instantânea.

Olho pela janela. O sol brilha e o céu está azul, nem parece São Paulo. O nosso ônibus segue estrada afora. Ao observar o mapa do percurso, vejo que vamos literalmente dividir o Brasil em duas partes: de São Paulo a São Luiz do Maranhão.

Volto para o ambiente dentro do ônibus, ainda falta uma hora para entrar na Rádio. Bato um papo com o Gildo, apoio técnico, e o Maurício, nosso chefe de equipe. Coletava informações sobre a equipe e o *Rally*, quando ouvimos uma buzina lá fora. Era o Luis, nosso guerreiro do quadriciclo, no meio da Rodovia dos Bandeirantes.

Assustados, prestamos atenção e abrimos a janela. Lá estava ele com o rádio no último volume para nos mostrar o programa do Fernando Vannucci: "Aguardem informações sobre o *Rally dos Sertões* com a nossa enviada especial Grace Knoblauch, será que pronunciei certo?" Socorro. Sim, estaremos ao vivo. Olho à minha frente e vejo somente papéis, papéis e papéis com informações sobre a equipe, sobre o *Rally*, sobre o Brasil.

Chegamos no posto de gasolina, desci com meu rascunho para a entrevista. Eu voei para o telefone e os demais foram almoçar, com um rádio para sintonizar a Rádio News, AM 1150.

A minha total falta de experiência no assunto me levou a alguns aprendizados iniciais – logo acabou todo meu crédito. Meu Deus! Crédito! Isso é hora de perceber que um celular é fundamental? Eu não sabia quanto tempo passaria ao vivo, corri para dentro do restaurante, peguei o celular do Luis e saí para falar com mais paz; havia um *playground*.

Sentei na escada de um escorregador colorido. Espalhei minha "cola" pelo piso do brinquedo e entrei ao vivo pela primeira vez. Quando olho para o lado vejo o Maurício com o rádio na mão, sentado na mureta do parquinho dando risada. Estávamos ao vivo e era uma delícia falar das nossas expectativas.

Estávamos a uns 3 metros de distância. Que situação gostosa de se passar. A equipe prestando atenção, os papéis com as informações e finalmente poder cumprir o meu papel. No meio disso tudo um menininho de uns quatro anos passou pela minha frente e pisou nas anotações. Resolvi carregá-lo no colo e tirá-lo de lá, quando percebi que, afinal de contas, eu estava ao vivo e não era bom ficar me distraindo com a criança.

A naturalidade é fundamental, e no *Rally* é assim: tudo junto o tempo todo. Passar informação é uma atividade de responsabilidade e com delicadeza eu larguei o menininho e continuei a entrevista.

Percebia que dar nossas notícias do dia-a-dia era junção das idéias de todos, fruto das conversas e bastidores. Todos ajudam. Esta união é fantástica – ela gera um movimento e ajuda na nossa integração.

Eu conseguia me ouvir no rádio. Transpirava sem parar. Que nervoso! A alegria era imensa e eu adorava dizer ao vivo "Vamos percorrer, com cerca de 1.000 participantes, mais de 4.000 quilômetros deste Brasil. Estamos no *Rally dos Sertões*!" Que energia é esta contida na realização de uma atividade pela primeira vez! Existe ao mesmo tempo a concentração e o improviso.

Descobri que o rádio tem um poder incrível. Fico imaginando a era do rádio, em que as pessoas ficavam esperando um determinado programa ou novela para acompanhar o desenrolar dos capítulos. Nós passaríamos por algo semelhante, pois os ouvintes teriam a oportunidade de acompanhar nosso dia-a-dia.

Após terminada a entrevista, recebi um telefonema da equipe de Assessoria, assinalando os aspectos interessantes e, para alegria de todos, elogiando a estréia. Ficamos contentes e tranqüilos. Foi um risco para todos, pois eu nunca tinha feito algo parecido e a maravilha era justamente esta.

Eu não acredito em coincidências, nada é por acaso. Como eu poderia imaginar um dia entrar num programa com um perfil despojado e informal, que precisasse justamente de alguém como eu? Realmente não podemos limitar o nosso sonho. Ele nos ajuda a existir.

Chega de tanto deslumbramento, pé na estrada novamente.

Enquanto os quilômetros passavam, cruzamos com outras equipes também se dirigindo ao *Rally dos Sertões*. Eu percebia o óbvio: não éramos os únicos a estar viajando para Goiânia. Durante a viagem apareceram outros veículos, carros e *motor homes*.

Após alguns quilômetros paramos para realizar alguns ajustes na parte elétrica. Devido a um problema na bateria, não conseguimos abastecer o inversor. As duas baterias do ônibus não foram suficientes para alimentar o carro. O inversor serve para transformar os 12 volts de cada bateria em 110v/220v.

A geladeira precisava estar em pleno funcionamento pois tínhamos muita carne no *freezer*. A definição dos quilos de carne era uma incógnita. Quando paramos no primeiro Auto-Elétrico, o Maurício desceu do ônibus e disse: "Cara! Preciso arrumar a energia desta geladeira, tem 100kg de carne aí dentro...". Conforme o tempo foi passando, o Bonitinho, nosso mecânico, ouviu o Maurício corrigir: "Arruma essa geladeira, pois temos mais de 300kg de carne que pode estragar!" E agora há pouco o Edhy, mecânico do ônibus, confirmou o aumento dos quilos: "Meu... eu não posso perder os 400kg de carne dessa geladeira!".

É a magia da multiplicação das carnes. Estou começando a achar que na próxima parada teremos até leitinho morno de manhã.

Para resolver o problema da parte elétrica, colocamos uma bateria adicional de 159 ampéres.

Enquanto escrevia o diário recebi uma complementação *just-in-time*: "A geladeira já está funcionando e estamos mantendo nossos 700kg de carne".

Existem 3000 kwts para alimentar uma geladeira duplex de 380 litros, TV, microondas, DVD, Iluminação, máquina de lavar roupa e de lavar louça. Gostou ou quer mais? Os 12 volts podem acionar a bomba de água mesmo com o veículo em movimento – desta forma podemos até tomar banho enquanto o veículo se movimenta! O Edhy recomenda que não façamos esta proeza, pois vai que cai o sabonete durante uma curva e, enfim..., não queremos nem pensar no que possa acontecer.

O ônibus ainda precisava de um reparo adicional e passamos por outra oficina que foi um espetáculo. Um dos donos tem uma filha: a Bibi. Ela é uma garotinha com uns 5 anos de idade. Quando nós chegamos ela estava fazendo a lição de casa no balcão do Auto-Elétrico. Tirei umas fotos dela, que, sorrindo para a câmera, adorou se ver na tela da digital.

O Duda foi fazer uns desenhos com ela, que também estava curiosa para conhecer o ônibus. Quando ela entrou dissemos que ali era uma casa de boneca. Ela foi tomar banho e voltou perfumada fazendo amizade e subindo nos beliches. O Gildo esquentou leite com chocolate para ela.

Essa menininha estava encantada com a nossa presença, entrando num carro em forma de casa com direito a música e leitinho. Ela vai crescer e quem sabe se sentir parte de uma aventura. A pureza e a ausência de conflitos faz com que ela circule entre nós sem travas ou medos. Sabendo disso, nós apenas desejamos fazer daquela noite única um dia especial na vida desta garotinha.

Isto gera esperança e quem somos nós para tirarmos a esperança de alguém? A esperança é divina, propriedade da alma, força motriz que nos ajuda a levar nossa vida para muito além.

O tempo foi passando e a D. Dora resolveu passar um café. Uma delícia. Eu sempre sabia do burburinho da equipe, pois minha cama é o sofá durante o dia. O meu QG é na área de circulação máxima e fica logo na entrada. Em geral eu ficava na mesa das refeições digitando no *laptop*. Ao lado desta área está o primeiro quarto com dois beliches, o banheiro do lado direito com vaso sanitário e do lado esquerdo o chuveiro para um banho quente.

No final do corredor do ônibus está o quarto do casal. O paraíso do conforto onde dormirá a D. Dora e o Sr. José, nossos pais neste ônibus, bastando a presença deles para entrarmos num clima de absoluto respeito.

O Maurício estava tenso, os planos não corriam de acordo com o previsto. Já era para estarmos bem longe de São Paulo. Lembrei de como a música tem um poder milagroso; propus ao Maurício um descanso e combinei que o chamaria em 10 minutos. Entreguei meu *discman* tocando um CD indiano que tenho sobre a vibração dos chacras, que com certeza o ajudaria a relaxar e abstrair a mente.

Enquanto isso, ficamos batendo papo, esperando o Carlos e o Cidão terminarem o serviço. Dali há alguns minutos surgia o Maurício completamente inchado, agradecendo pelo relaxamento. Pelo visto, a mágica tinha funcionado. Ele dormiu com os mantras hindus e ainda de quebra pediu para eu gravar uma cópia do CD.

Os mecânicos conversavam. É muito complicado ver o momento em que os problemas aparecem, ainda mais quando não temos a menor idéia de como resolvê-los. O meu lado sofredor me remete ao meu avô paterno Gustav Bernhard Knoblauch, vulgo "vovô Bernardo", um homem sábio e feliz que sabia ver beleza em tudo e que sempre dizia que quanto pior o problema, maior é a alegria ao vencê-lo. Pois é... a frase é dele, mas para ser como ele tenho muito ainda que percorrer. Eu sentia olhares de responsabilidade, o momento em que tudo pára para que o passeio continue. Para o alívio de todos, assim aconteceu. A vitória foi deliciosa.

Demos uma salva de palmas quando o ônibus voltou a andar com pisca-pisca, farol, buzina e, claro, a geladeira também. O Maurício buzinava bem forte pela estrada como num grito de alívio e comemoração por ter mais esta etapa vencida.

Já anoitecia na estrada mas nossos corações ainda batiam acelerados. Mais adiante outra parada num posto para um descanso. Os mecânicos dormiam como anjinhos, aproveitando um privilégio que eles sabiam que não teriam nos próximos dias.

O pessoal da Bikebox estava no posto. O Avê, dono da empresa, entrou no nosso ônibus gritando para o Duda e o Bonitinho: "O quadri quebrou! O quadri quebrou! Vamos acordando!". Eles acordaram assustados e depois relaxaram ao ver que isso não passava de uma brincadeira, ainda. O clima do *Rally* começa a aparecer na amizade entre os participantes.

Pensava comigo: "Será que é assim mesmo?". Depois pude verificar que era bem pior, pois enquanto a manutenção do quadriciclo for nosso desafio, estamos dentro de nosso objetivo, pois a única certeza do *Rally* é que os veículos vão quebrar. Complicado mesmo é quando um piloto some e não conseguimos ter a menor idéia sobre onde ele possa estar! Mas isso é assunto para mais adiante.

A viagem estava longa e cansativa, pois dedicamos muito tempo resolvendo contratempos. O Maurício ficou com sono e estacionou num posto de gasolina em Orlândia para descansar.

Assim que ele desligou o ônibus, se voltou para dentro avisando: "Pessoal, preciso descansar, amanhã continuamos", o meu primeiro pensamento foi: "Eu vou dormir aqui? Ao lado de um monte de caminhão? E a segurança? Cadê a cama? O chuveiro? O banheiro? Ah!! Vou acordar no meio de todo mundo?" Do que adiantam as perguntas quando estamos diante do inevitável?

O jeito foi relaxar e aceitar que era assim. Eu estava num posto de beira de estrada e, por mais que a falta de privacidade me incomodasse, essa era a minha melhor e única opção. Sem sequer ter onde me trocar, decidi que além de tudo dormiria de roupa mesmo, já que para ir ao banheiro eu teria que passar pelo quarto dos beliches e todos já dormiam desde alguns quilômetros atrás.

As luzes se apagaram. Agora, somente o silêncio existia no ambiente e de vez em quando vinha lá de fora o barulho de um carro veloz passando pela estrada. Afinal, estacionamos num posto de gasolina! Começam aqueles pensamentos de travesseiro compondo o cenário do pré-sono.

Pouco a pouco eu fui achando delicioso estar estacionada entre caminhões. Percebi que não havia nada de mal naquilo, muito pelo contrário. O estranho foi dando lugar à descoberta do novo. Eu estava superprotegida, afinal de contas homem é o que não faltava para me salvar.

Eu comecei a perceber que estava diante de uma situação simples. Tive vergonha do meu despreparo, pois era só fechar os olhos e dormir; aquele estresse era fruto de apenas um dos infinitos pontos de vista daquela situação. Não era dos perigos da noite em que eu não confiava, mas em mim mesma, nos meus preconceitos.

No final eu já estava vendo o lado positivo da experiência e gostando de saber o que acontece enquanto um caminhoneiro encosta para um descanso. Se nós estávamos cansados, imagine eles!

Para se integrar numa viagem como esta temos que praticamente esquecer o que aprendemos e nos colocar numa postura nova. Tenho meus princípios, mas também tenho sede de conhecimento. Momentos como este fizeram sentido muito mais tarde. Naquela hora estava começando um processo de retorno ao Eu, deixando alguma parte de mim para trás.

A cada quebra de paradigma ganhamos uma nova chance para sermos melhores, com conceitos renovados. E se eu pudesse dar uma opinião sobre momentos assim, diria apenas para trazer aquilo que você carrega como princípio, pois nele está o seu porto seguro. O resto? Deixe para trás. É uma forma de abrir um espaço para entrar o novo, sem preconceitos, barreiras ou expectativas.

22 de julho
Orlândia – Goiânia
(Descoberta)

● ● ➡ *Grace Knoblauch*

O dia começou com aquele frio natural da manhã e a paisagem ainda se formando. O pessoal já estava acordando, se espreguiçando lá fora. Eu ainda tentava me entender neste contexto: "quem sou eu neste grupo?". Pensamentos livres que em geral as mulheres têm.

De início eu estranhei que estava no *motor home*. Assim que percebi, adorei! Adorei! A primeira noite havia passado e agora um dia inteiro estava pela frente rumo a Goiânia.

Todos acordaram de ótimo humor – isso é muito bom. O Edhy e o Críscio já tinham acordado para verificar como estava a geladeira e toda a infra-estrutura do veículo. De manhã, a primeira pessoa que eu vi foi o Duda, com a barba por fazer, cabelos espetados e um semblante confuso entre o inchaço do rosto e a expectativa dos desafios que estavam por vir.

Eu ainda me preocupava com o meu cabelo despenteado, o rosto amassado e em escovar os dentes. Peguei minha *nécessaire* e corri até o banheiro do posto. Usar o banheiro do ônibus ainda era um problema, um simples xixi matinal ainda me estressava.

Mal terminei de lavar o rosto tive que sair correndo, pois ouvi a buzina ao longe. Com ótimo humor eu percebia que deveria reavaliar o meu tempo de dedicação à beleza, se não não conseguiria me integrar ao contexto e à rotina masculina do *Rally*.

A viagem até Goiânia continuou deliciosa. Houve um momento em que eu perguntei onde era a buzina e o Maurício apertou o nariz, o pisca-alerta, a direção, como se tudo fosse buzina. Mais adiante ele atropelou uns cones. Viajar com o Maurício é uma farra pois ele cumprimenta todos que aparecem na estrada, desde as "quengas" de beira de estrada até crianças e comerciantes. Continuamos a viagem ouvindo muito Zé Ramalho.

Passavam muitas equipes por nós, era sempre uma festa de tchaus, buzinas e pisca-alertas. Estrada a perder de vista, paisagem magnífica. Linda. Sim. O Brasil se revelava de uma maneira diferente e única.

Mais adiante um alívio. Avistamos uma placa indicando que a cidade de Caldas Novas estava próxima.

Quando olho as horas, sinto outro frio na barriga. Estava se aproximando mais uma entrevista. Preparei a minha "colinha" novamente e, com o ônibus em movimento, dei nosso boletim do quarto da D. Dora.

A viagem corria normalmente, quando de repente avistamos a placa de Goiânia – isso significa que chegamos. Foi pura euforia. Próximo a um retorno, o *outdoor* sobre o *Rally dos Sertões*, e ficamos nos aglomerando na janela buscando mais placas indicativas.

Ao passar pelo *shopping* Flamboyant, entramos num espaço gigantesco destinado às equipes. O cenário era sensacional – dezenas de *motor homes*, carros de apoio e oficinas de manutenção. Os olhos tentavam captar o máximo possível. Aquela euforia deu lugar a um silêncio: queria ser um mosquitinho só para saber o que cada um pensou quando viu o tamanho da encrenca.

Era tudo ao mesmo tempo. Antes de entrar na área das equipes, observei à minha direita a pista do Prólogo e da Largada Promocional. Havia inúmeras bandeiras coloridas balançando ao vento, e tocava uma música muito alta. O clima era contagiante, era praticamente impossível ficar desapercebida diante de tanta agitação.

Enquanto procurávamos um local para estacionar, eu observava as oficinas que já funcionavam com seus mecânicos fazendo ajustes. O espaço estava muito bem preenchido e nós não fazíamos a menor idéia sobre onde estacionar.

Assim que o ônibus parou o Edhy e o Críscio foram verificar o abastecimento de água e energia. Saindo para esticar as pernas fomos dar uma voltinha e encontramos um caminhão-pipa e, sem pestanejar, pedimos para abastecer a nossa equipe. Depois trocamos favores com a equipe ao lado e conseguimos energia elétrica, a qual abastecia nossos equipamentos, inclusive o *laptop* em que eu atualizava o diário de bordo.

Com a estrutura do ônibus funcionando poderíamos cozinhar, usar o banheiro e tomar banho. Embora a "casinha" vá conosco por onde percorremos, o ambiente ao redor muda a cada dia e essa transição de paisagem, ambiente e vizinhança faz do *Rally* uma atividade nômade até nestes mínimos detalhes.

Enquanto não encontramos o Éderson e o Luis, fui dar um passeio e me ambientar neste contexto. A primeira providência era retirar o material sobre o *Rally* e a nossa identificação, uma pulseirinha de plástico verde do apoio.

Vou passeando pelas equipes e observando que somos todos participantes de um jogo emocionante e milionário. Atravesso a rua e entro na área do Prólogo e sigo até o guichê da organização.

Eu queria conhecer as pessoas com quem eu tinha feito as inscrições. Ao menos o Alan do Financeiro e a Val da Secretaria. O Alan estava entregando as faixas. Quando perguntei pela Val, recebi uma triste notícia. Ela não estava lá, pois seu pai havia falecido um dia antes de sua viagem para cá. Criamos um vínculo, pois nossas inscrições foram feitas de última hora e ela foi extremamente prestativa em nos ajudar.

Eu não sabia o que dizer para o Alan. Eu gostaria de dizer "meus sentimentos", mas do que adiantaria? Quem é a Grace no meio de tantos inscritos? Mesmo anônimos entre a multidão, temos um sentimento de compaixão, de respeito pelo luto de alguém que não sabemos profundamente quem é.

Como a vida é transitória. Num dia estamos seguros de uma determinada atividade; no dia seguinte morre um ente querido e a roda gira. Devemos viver cada momento, cada instante, cada sentimento. Mesmo que sua vida seja repleta de saudade e arrependimentos, pelo menos você tem uma vida repleta de emoções.

Pensei na Val e, mesmo não podendo abraçá-la, mandei um pensamento cheio de carinho, força e amizade, desejando que ela enfrente este luto e ajude sua família na medida do possível.

Recebo as pulseirinhas verdes e me lembro da Irê, esposa do Luis, ressaltando que para a minha função o importante era ter a tal da pulseirinha azul referente à imprensa, pois com ela eu teria livre acesso às áreas do *Rally*, mas como fiz minha inscrição em cima da hora não consegui essa chance.

Você pode estar pensando "Em cima da hora? Como assim?". Respondo dizendo que decidimos participar de fato do *Rally* um mês antes de sua largada e naquele momento já havia mais de 100 jornalistas inscritos, e eu tive que ficar de fora, tendo que dar graças a Deus por ao menos conseguir a pulseira do apoio.

Isso iria prejudicar meu trabalho. Como tirar as fotos de longe? Como mandar e-mails fora da sala de imprensa?

Aquela expectativa poderia se frustrar pela deficiência no trabalho. Falei com os responsáveis pela sala de imprensa. Eles se comprometeram a me ajudar conforme a disponibilidade da sala. Eu colocaria minhas informações num disquete e eles enviariam para a Bia em São Paulo. Era o máximo que dava para fazer. No máximo permitiriam minha entrada quando a sala estivesse vazia.

O melhor a fazer era voltar para o ônibus e começar a escrever meu boletim. No caminho eu fui abordada por uns garotos que reconheceram a marca da Real Food na minha camiseta. Um deles inclusive estava usando a camiseta que ganhou ano passado do Éderson e fez questão de voltar para prestigiar.

Existem momentos em que no meio desta multidão nos sentimos anônimos, e outros, como este, em que precisamos dar atenção àquele que vem prestigiar o piloto. Não somos tão anônimos quanto pensávamos. O Éderson não tinha chegado ainda. O rapaz ficou de passar mais tarde.

Maurício veio ajudar a colar os adesivos na testeira do ônibus. Isto é importante para nos identificar pelas estradas e cidades que percorrermos. Ficou vistoso, o ônibus ganhava personalidade. Enquanto colávamos os demais adesivos nas laterias, sentimos um perfume magnífico vindo da cozinha, um cheirinho de feijão com lingüiça frita. Sim. Era a hora de comer. D. Dora caprichou no almoço. Tudo temperadinho. Estava delicioso.

Após um almoço saboroso, atualizo o diário de bordo. Era preciso aproveitar a energia, elétrica, física e mental. Quando começou a entardecer lembro que era o dia da festa de abertura do *Rally*. Eu ainda tinha muita coisa para preparar.

Bem mais tarde decidi ir para a festa do *Rally* dar uma arejada. Eu estava tão cansada que fiquei pouco tempo e voltei com o Duda para o ônibus.

O Duda estava dormindo no meu "setor". Antes de o sono chegar definitivamente, conversamos sobre os desafios da manutenção no *Rally*. Ele dizia: "Sabe o que mais me deixa na adrenalina? Quando ficamos no final da especial esperando o nosso piloto chegar. Vão passando outros pilotos e aquele em que você fez a manutenção até sei lá que horas da madrugada não chega. Passa tudo pela sua cabeça nesse momento: Será que apertei bem o parafuso? Será que acabou a gasolina? Será que ele se machucou?."

Eu estava lá para verificar o quanto a manutenção decidia o campeão e percebi que realmente ela é fundamental. Pude comprovar esta "teoria". É muito bom ressaltar a importância da manutenção, mesmo que seja num *Rally*. Ela decide o campeão, ela cuida de seres vivos.

Eram quase três da manhã e eu ainda estava no *laptop* atualizando os dados enquanto todos já dormiam. Lá fora existem caminhões e tendas de oficinas mecânicas e quem já fez um *Rally* sabe bem do que eu estou falando e não custa nada refrescar a memória lembrando o barulho dos geradores ao fundo – não vai sobrar um que não vá sentir um misto de alívio e saudade.

Lá estava eu novamente dormindo entre caminhões. Qual a diferença entre a noite de ontem e a de hoje? Num dia o medo de tudo que era novo e hoje a confiança e o porto seguro. Num dia o novo deu medo, no outro se transformou em oportunidade para aprender e crescer.

O barulho dos geradores começa a ficar cada vez mais alto conforme avança a madrugada. As equipes testam os veículos o tempo todo. Não existe silêncio, não existe calma nem nos corações. É adrenalina pura. Acho que já passa da hora de dormir.

Como disse, fico na primeira parte do ônibus e durmo no sofá-cama ao lado do fogão. É uma superexposição, pois estamos sem cortina. Eu vejo tudo que acontece lá fora, mas, como as luzes estão apagadas, as pessoas não podem nos ver. Eu percebo que com o tempo tudo isso vai se transformar numa belíssima quebra de paradigma.

Eu não conseguia parar de digitar. Até que o sono chegou.

23 de julho
⬇
Prólogo (Testes)

●●➡ *Grace Knoblauch*

Mal começa o dia e para variar eu tenho a sensação de que já tinha perdido alguma novidade. Na verdade é que durante o *Rally* sempre há novidade e vida, pois sempre tem alguém acordado e trabalhando. Os mecânicos já estavam a todo vapor, testando os veículos e escutando com carinho o ronco dos motores. Hoje é dia de prólogo e os veículos precisam estar em perfeitas condições para a prova de testes.

Quando eu achava que já estava me ambientando percebi que na verdade o *Rally* ainda não tinha começado de fato. Na verdade até então havia sido tudo uma grande preparação. O show estava prestes a começar, dentro do conceito de conhecer uma parte do Sertão Brasileiro de uma forma única e especial, passando por cidades encantadoras.

O objetivo deste dia era participar do Prólogo, da Largada Promocional, e depois dormir cedo para estar bem descansada para a largada oficial no dia seguinte.

Vale uma explicação rápida sobre o que é o Prólogo. É em circuito fechado, onde cada piloto percorre um trecho cronometrado, com curvas, saltos, rampas e muita lama. Ele serve para ajudar na adaptação do piloto ao clima, ao veículo e à prova. O Prólogo começa com um comboio de reconhecimento da pista guiado por uma caminhonete em que os pilotos vão seguindo logo atrás.

A tomada de tempo serve de base para a seqüência da Largada Oficial de cada categoria no dia seguinte. Primeiro largam os quadriciclos, seguidos pelas motos, carros, finalizando com os caminhões.

A Largada Promocional era às oito da noite e é o momento em que os pilotos se exibem para a população local, e a organização do *Rally* monta um verdadeiro show.

Organizo os meus equipamentos dentro da mochila. Era hora de aproveitar o tempo para enviar meu primeiro boletim por e-mail, mas eu não tinha a pulseirinha azul! Como poderia entrar na sala de imprensa? Isso era um problema para resolver na hora.

Avisto a sala, usando minha pulseirinha verde, carregando a mochila e na mente um único objetivo: enviar o e-mail. Entro na sala de imprensa, que, por sinal, estava deliciosa com ar-condicionado, com a segurança de quem já fez isso diversas vezes. Pergunto para a primeira pessoa da organização que encontro na minha frente: "Como faço para conectar meu *laptop*?" e, antes de receber a resposta, sou questionada sobre quem sou. Quem sou? Ah... esta é uma pergunta muito vaga. Sou mulher, feliz, apaixonada, com calor, com medos, cheia de vergonhas, sonhos e desilusões.

Brincadeiras à parte, eu disse na verdade que pertencia ao programa do Vannucci. Essa informação saiu espontaneamente, pois quem é a Grace da Datastream? Quem é a Grace da equipe do quadriciclo? Quem é a Grace? Ninguém. O Vannucci, sim, é conhecido por aqui. Na mesma hora perguntaram por que eu ainda não estava com a pulseirinha da imprensa e eu disse: "Porque não me deram". Colocaram a pulseirinha azul no meu pulso e a partir daquele momento eu era oficialmente da impresa. Pronto! Acho que recebi uma ajuda divina.

Voltei para a equipe mostrando a azulzinha no pulso. A minha atividade era muito simples e nada afetaria significativamente a divulgação do *Rally* e não era tão complicado para a organização disponibilizar uma pulseirinha para mim. Eu, que havia colocado esta aquisição como algo difícil de se conquistar, agora precisava fazer bom uso dela, pois o desafio era comigo mesma. É fácil justificar as falhas ou dificuldades por fatores externos.

Chegam o Éderson e o Luis e já começam a se preparar para o Prólogo vestindo a roupa de ataque. Eu dou este nome porque ela é uma verdadeira armadura dos tempos modernos. Mil e uma proteções, sem falar na linda bota que pesa "toneladas".

Os veículos estão prontos. O sol está escaldante e agora é hora de ir para a pista.

Eu me infiltro na pista com a minha câmera digital e busco ficar próxima dos fotógrafos. Começo a ver que virei uma *multitask* neste *Rally*. "Ai... isso aqui vai me cansar à beça, é muita responsabilidade", mas a diversão compensa. Quando fazemos algo com amor o cansaço é um mero coadjuvante.

Confesso que fiquei com um pouco de vergonha no início. O mundo num escritório em São Paulo talvez tenha me aprisionado um pouco e agora de nada adiantavam meus medos, pois eu só tenho um objetivo na minha frente: trabalhar. Quando será que na minha vida eu teria a oportunidade de viver de novo um sonho muito melhor do que aquele que eu sonhei?

Pensava em milhares de coisas – eu estava sozinha e não tinha ninguém para me dizer o que fazer ou me ajudar. O meu referencial era a minha experiência de trabalho em São Paulo. "Coragem, Grace! Deixa de vergonha. Você tem a tal da pulseirinha azul no pulso. Ela signifca livre acesso a praticamente todas as áreas do *Rally*. Que lhe parece ter mais segurança e atitude e tomar as rédeas da situação? Você só vai saber se vai dar certo ou errado tentando e você chegou até aqui com muito esforço e dedicação. Ação!"

Daqui para frente vou lembrar desta pulseirinha como um fator libertador. Todo mundo tem a sua pulseirinha azul o tempo todo e talvez não saiba o que fazer com ela.

Timidamente eu me infiltro entre fotógrafos e câmeras das emissoras de televisão. Não adiantava nem fazer tipo de experiente, afinal de contas, eu estava com uma câmera amadora emprestada da minha tia Zaia de 2.0 megapixels e não tinha como enfeitar o pavão. Enquanto escrevo esta parte dou risadas ao lembrar o quanto eu estava atrapalhada e desastrada naquele momento.

Em estratégias corporativas costumamos esconder nossas armas, mas aqui a minha arma é a transparência e simplicidade e com um certo sorriso despretensioso eu procuro uma posição perto de quem tem mais experiência, e é com eles mesmo que eu vou imitar e aprender.

É uma nova posição estar na comunicação de uma equipe. Desta vez estou no meio da pista e não tem ninguém para dizer: "Saia daqui". Muito pelo contrário, preciso me virar para buscar um bom ângulo.

As pernas estão bambas, o coração bate forte e olhos ficam apertadinhos pelas bochechas cheias de sorriso. Eu não consigo ficar séria – era como se o céu fizesse piada o tempo todo e seja lá para onde eu olhasse me deparava com ele repetindo isso sem parar.

Os quadriciclos se alinham entre as motos e meu coração começa a bater mais forte. Eles largam, aceleram, tomam banho de lama e dão um banho de lama nos fotógrafos posicionados nas curvas radicais. Após alguns instantes ouvimos pelos alto-falantes o locutor comunicando o tempo que cada um levou para cumprir esta prova.

Corro de volta para a equipe de apoio e lá estão eles, com lama até nos dentes e nas orelhas. Fica apenas a marca do capacete ao redor dos olhos e um sorriso no meio desta cara suja.

Eles tiveram a chance de testar o quadriciclo. O Prólogo é fundamental para isso. Quantas vezes sofremos por ações mal pensadas. É preciso testar, experimentar e viver uma realidade antes de começar para valer a competição. O produto do prólogo é justamente o conhecimento preventivo e este conhecimento irá contribuir para os primeiros passos do *Rally*.

Todo planejamento é apenas suposição. Talvez ele se aproxime da realidade quando com muita precisão conseguimos, a partir de um histórico, definir um alvo e meios de como atingi-lo, mas sabemos que no fundo é tudo previsão, pois existe uma família de componentes completamente soberanos: o risco, o imprevisto, o acaso, o merecimento.

Por isso uma estratégia é melhor quando está baseada em teoria e prática, e uma gerando subsídio para que a outra se aperfeiçoe. Desta forma conseguimos um produto mais palpável sobre os desafios que enfrentaremos no dia seguinte.

Após tirar as fotos, convidei os pilotos para participarem do programa do Vannucci. Seria a primeira entrevista no meio da bagunça do *Rally* e talvez a única com os pilotos. O nosso boletim acontecia enquanto os pilotos corriam, por isso era fundamental aproveitá-los naquele instante.

O cenário não poderia ser melhor: estávamos sentados do lado de fora do ônibus sobre uma lona laranja. O calor intenso e o ronco dos motores nas oficinas faziam parte do clima. A equipe estava muito tranqüila, e aos poucos começamos a lidar menos com expectativas e mais com casos práticos.

Ao entrar ao vivo, o Éderson declara: "Esse foi um Prólogo porquinho, com muita lama e muita sujeira". E o Luis complementa: "Estamos nos acostumando com a nova suspensão do quadriciclo. O Prólogo é uma etapa triste, eles dão o mel e tiram rápido".

Entre uma pergunta e outra, o Luis deu uma declaração bem interessante e muito comum de se ouvir no *Rally*. Quando o Vannucci pergunta qual é o prêmio, o Luis responde que é participar e chegar. Sim, ele tinha absoluta razão – existiam muitos desafios pela frente e quem é quem para garantir a vitória? Numa prova tão complexa como esta, chegar é sem sombra de dúvidas uma vitória.

Está anoitecendo e começamos a nos preparar para a Largada Promocional, que, como o nome já diz, é uma largada que promove pilotos e patrocinadores.

Os veículos ficam enfileirados na seqüência: motos, quadriciclos, carros e caminhões respectivamente e o público pode transitar entre eles. As crianças são as que mais aproveitam – elas chegam ressabiadas e logo observam a "armadura" dos pilotos e o porte dos veículos. Ficam encantadas, com os olhinhos brilhando de alegria. É lindo ver a pureza e inocência transbordando.

As crianças se aproximam e pouco a pouco se soltam. Uma magia paraiva no ar. Era o poder do mito. Nós éramos mitos no meio de um mundo cada vez mais duro com estes pequenos seres que acabam de chegar. Por alguns instantes aqueles pilotos são deuses e representam o super-herói que cada um ainda carrega dentro de si. O tempo vai passar e vai desgastar esse sonho, mas nunca apagar esta imagem.

Tento desviar deste tema sentindo que, afinal de contas, a experiência também trouxe mais conhecimento, mais segurança e eu me pergunto: "Conhecimento sobre o quê? Segurança em quê? Quais são os valores e objetivos de hoje e quais eram quando eu tinha aquela idade?".

Uma criança não tem como ser um homem, mas o homem já foi criança e por isso ele pode resgatar essa inocência de quando aprendíamos a fazer *degradée* de laranja na folha de *canson* misturando amarelo com vermelho. Este era o grande aprendizado do dia.

Vamos aprender a fazer mais *degradées*, misturando coragem para agir com esperança em sonhar e quem sabe construir um mundo melhor para estes pequeninos que mal chegam e já são cobrados como adultos. Crianças que por causa da violência mal têm onde brincar e adultos que esqueceram a inocência, o sentir, a emoção e o sorriso. Sorriso sincero e não aquele hipócrita que damos de dentro do carro quando não temos um trocado. Esse sim é o nosso aprendizado do dia-a-dia.

Neste *Rally* passaremos por regiões pobres economicamente, mas ricas de amor com certeza.

Os pilotos começam a se preparar para subir numa rampa construída para exibir as máquinas e marcas, dão uma espécie de entrevista, dizendo apenas o nome e a cidade de onde cada um vem.

Os habitantes ficam eufóricos. Fotógrafos e câmeras se aglomeram pela melhor imagem. Eu não poderia me aproximar dos pilotos, pois não tinha uma pulseirinha roxa que me garantia essa posição. Lá vêm de novo as pulseirinhas hierárquicas.

Como sabemos que para tudo tem um jeito, acabei conhecendo o Emerson Gonçalves (Equipe Selênia). Entreguei minha câmera a ele, que fez a gentileza de tirar fotos do Luis e do Éderson para mim. Ficaram ótimas.

Existem momentos marcantes e aquele era um deles. Momentos em que não temos com quem dividir a emoção. Como expressar a alegria de estar ali? Existem sentimentos que são únicos e totalmente individuais. Nesta hora apenas nos apegamos no que temos dentro de nós e percebemos outras festas dentro do coração.

Depois de passarem os carros, volto para o ônibus correndo, pois a largada seria no dia seguinte de manhã e era preciso jantar e dormir cedo.

Os pilotos tinham em mãos a planilha com as informações sobre o dia seguinte. O Luis estava sentado no banco do motorista do ônibus e o Éderson na mesa de jantar fazendo a marcação dos trechos com maior nível de periculosidade. Eles ainda usavam a roupa de corrida e morriam de rir com simplesmente tudo que acontecia ao nosso redor.

Embora o ônibus não seja público, ele fica num local público. Desta forma aparecem admiradores e até loucos. Houve um momento em que surgiu um maluco querendo conversar com a D. Dora. Ele dizia ser o seu filho legítimo. Todos caíram na gargalhada. Ainda mais o Luis que estava logo na entrada do ônibus e acabava de descobrir seu novo irmão. O louco se dirigia a D. Dora dizendo: "Eu quero falar com a sua majestade", e todos choravam de rir. O Maurício acabou mandando ele embora enquanto retomávamos a atenção na planilha do dia seguinte.

Olhava para fora e observava que outras pessoas também analisavam suas planilhas. Via rodinhas de pilotos por toda parte, uns rindo, outros compenetrados e outros já dormindo.

Dormir – está aí algo bom para se fazer.

24 de julho
Goiânia – Padre Bernardo
⬇
(Separação)

Especial dos Pirineus
Etapa 1: Goiânia (GO) – Padre Bernardo (GO)
Total do dia: 292km
Deslocamento inicial: 145km
Especial: 110km.
Característica: Pedras, cascalhos, erosões e trial
Deslocamento: 37km
Nível técnico: 3 curecas
Nesta noite haverá a etapa Maratona, quando apenas os pilotos poderão fazer a manutenção dos veículos sem a ajuda dos mecânicos. As equipes de apoio deverão seguir de Goiânia direto para Porangatu.
Fonte: *Dunas Race*

●●➡ *Grace Knoblauch*

Amanhece em Goiânia. Às 6 da manhã partiriam nossos pilotos e era preciso estar na largada para registrar tudo.

Estava ainda um pouco zonza de sono, peguei uma xícara de café e fui para fora espairecer. Cabelo despenteado, cara de sono. Pilotos passam acenando, meros números de indentificação por trás de um capacete de fibra.

A largada dos nossos cavaleiros estava para acontecer. O primeiro dia reservava muitas surpresas aos nossos pilotos, com trechos de valas perigosas, quebradeira e atenção dobrada durante uma navegação dura. Estradas sinuosas, trechos com cascalho solto e uma zona de talco com cerca de 10 centímetros de espessura os esperavam ansiosamente.

Além do calor, eles enfrentariam pedras grandes e deveriam diminuir a velocidade e dobrar a atenção durante a travessia de uma ponte feita de toras sobre valas imensas. Ai credo! Que meda! Sabe por que existe a expressão "ai que meda?" Porque o medo é tanto que falamos de forma errada.

Nossos pilotos já sabiam disso e estavam preparados para cada aventura do dia. Dirigimo-nos à saída da avenida. Antes de largar tiramos uma foto em família. Todos juntos naquele momento.

Cada um aqui buscou a melhor forma de organizar seus compromissos e poder se afastar da família e de suas obrigações. O primeiro dia marca o início. O quadriciclo está novo, a energia plena e o piloto é somente esperança, garra e coragem.

Para entender a natureza de um piloto de moto de *Rally*, basta vê-lo largando. Ele é como um caçador solitário partindo pelas estradas sinuosas dos Sertões. No seu coração moram seus sonhos e o desejo humilde de simplesmente chegar.

Vamos nos encontrar a cada noite, trocar detalhes mágicos do nosso dia, pois não vamos percorrer a mesma estrada. Não vamos dividir os mesmos desafios e não vamos estar perto deles para ajudar no que for preciso. Os pilotos de moto são puros desbravadores de emoções.

A solidão os acompanhará, mas a vontade de chegar e de vencer os alimentará a cada instante. A cada curva, poeira ou tombo, eles se levantarão buscando uma energia que até eles mesmos desconhecem.

A estrutura da largada é tão simples que eu mal podia acreditar. Um luminoso mostra o tempo, os pilotos se preparam e, quando chega o momento de partir, simplesmente aceleram e somem de nossas vistas.

Hoje é apenas o primeiro dia, carregado com toda a energia que trouxemos até hoje somada à esperança que construímos para os próximos 10 dias. Avante, pessoal! Com um simples aceno sem olhar para trás, os pilotos partem e somem na avenida.

A Irê chora. A vontade de estar junto era imensa, mas era impossível, ainda mais esperando um filho. Ela me entrega duas cartas de amor e pede para que o Luis as leia nos momentos combinados.

Um piloto que parte, um amado que se vai. Uma saudade que chega sem pedir licença. Invadindo o melhor lugar do nosso coração, ela tenta substituir o espaço deixado pelo amor que parte sem olhar para trás. Tem saudade quem ainda sente no peito as lembranças de alguém, algum momento ou instante abençoado. Ninguém tem saudade de uma experiência ruim. Ela prova o quanto a vida é feita de bons momentos e ela ajuda a manter esses momentos vivos na memória e no coração.

Ela não traz ninguém fisicamente de volta, mas é capaz de preencher o vazio que a ausência deixou. Não tem como uma pessoa não sentir saudade, pois não existe alguém que passou por esta vida sem viver momentos lindos. Basta ter olhos para ver. A saudade nos manteria unidos pelas nossas lembranças.

Os pilotos percorreriam cerca de 400km em média por dia e, quando voltassem, entregariam seus veículos para a oficina do apoio. A manutenção é uma das grandes aliadas dos pilotos, pois eles não podem substituir seus veículos.

Cada dia há trechos cronometrados conhecidos por provas especiais – é neste percurso que são feitas as tomadas de tempo que levam à classificação dos pilotos. O trecho entre as especiais é conhecido por deslocamento.

Existe um carro da equipe técnica chamado de "coelho". A função dele é percorrer o trecho da competição antes dos pilotos e verificar possíveis alterações que tenham ocorrido, como uma ponte caída, um rio muito cheio, uma porteira fechada e voltar a tempo de avisar os competidores e sugerir correções à organização do *Rally*.

Os 20 primeiros veículos largam com intervalos de dois minutos e os demais com um minuto cada. Larga primeiro quem obtém a melhor pontuação no dia anterior e sempre na seguinte seqüência: motos, carros e caminhões, para evitar que esses veículos dividam a pista ao mesmo tempo.

Pilotos e navegadores se orientam por uma planilha que recebem um dia antes de cada etapa, com referências sobre o caminho correto a seguir. Esta planilha é um rolo de papel que deve ser acoplado ao *Holdbook*, um circuito eletrônico cheio de parafusinhos que move a planilha. Eles cruzam estes dados com a posição fornecida pelo GPS e a quilometragem marcada no veículo.

Após a largada de todos, parte um veículo da equipe técnica comandado pelos "Canastras", coletando peças que ficaram pra trás e demais sujeiras deixadas pela estrada.

Toda noite, enquanto os mecânicos trabalham na manutenção dos veículos, os competidores se encontram com a organização do *Rally* numa grande reunião chamada *Briefing*. Durante o *Briefing*, a organização do *Rally* entrega a planilha de navegação e explica como serão os desafios do dia seguinte, ressaltando pontos com alto nível de periculosidade, representado por uma caveirinha mais conhecida como cureca. Um trecho tenso pode variar de uma até quatro curecas.

Nós veríamos os pilotos somente dali a dois dias, pois naquela noite não iríamos para a mesma cidade. Esse aparente desencontro é proposital, conhecido por etapa Maratona. Um momento em que os próprios pilotos fazem a sua manutenção sem a ajuda de seus mecânicos e descobrem se realmente sabem resolver seus problemas.

É uma corrida contra o tempo na busca por soluções de seus problemas, sendo que o maior deles é o cansaço de um dia inteiro de competição. Quantas vezes estamos diante de um obstáculo, de uma parede aparentemente instransponível. A parte difícil não é o problema em si ou encontrar a solução, mas sim insistir em encontrá-la somente à nossa maneira, esquecendo que muitas vezes basta olhar ao redor, pedir ajuda e, por incrível que pareça, encontrar! Existem pessoas extremamente capacitadas em assuntos nos quais somos ignorantes e que adorariam partilhar seu conhecimento.

O esforço é fundamental, mas quando não encontramos a resposta é porque muitas vezes ela está fora. Ela pode estar em outra pessoa ou na junção das suas – já pensou nas infinitas possibilidades que vocês podem elaborar juntos?

Oferecer ajuda é uma posição de poder, afinal, dá mais quem tem mais e pedir ajuda também não fica atrás. Pede ajuda quem sabe se reconhecer e entender seus próprios limites. Quanto àqueles que têm o conhecimento e não estendem a mão para ajudar, nem invista seu tempo a não ser que seja para ajudá-lo a partilhar.

Muitas vezes perdemos um tempo enorme buscando soluções quando um simples "Preciso de ajuda" poderia abrir um universo de soluções e descobertas. É preciso parar de tentar reinventar a roda à nossa maneira, estarmos abertos para trocar idéias e formas de pensar.

Essa é uma das grandes maravilhas do nosso planeta – somos diferentes em diferenças harmônicas e precisamos uns dos outros. Tenho a imagem de engrenagens capazes de mover uma grande máquina. Que sejamos mais abertos, mais amigos, companheiros e saibamos deixar o orgulho e a vaidade de lado.

Quem já passou por uma experiência difícil e conseguiu superar com a ajuda dos amigos sabe o valor inestimável da Amizade. Sabe que um simples olhar é capaz de fazer magia.

Viver a emoção da etapa Maratona em sua plenitude é penetrar no espírito do *Rally*, representado nos desafios, na velocidade e, principalmente, no espírito de equipe. É preciso paciência e discernimento para entender que a prova se ganha de especial em especial, e que o verdadeiro vencedor é aquele que chega em harmonia com sua equipe e principalmente com ele mesmo.

Os pilotos seguiam com suas ferramentas dentro do carro, bolso da jaqueta ou na mochila. O próximo destino era Padre Bernardo e depois Porangatu, enquanto que a equipe de apoio, e eu me incluo neste grupo, seguia direto para Porangatu.

Voltamos para o ônibus e seguimos viagem. Clima seco, umidade baixa e temperatura alta. Estamos passando pela parte central do Brasil, região formada por grande platô conhecido por cerrado com cerca de 1,5 milhões de km^2 a 2 milhões de km^2, o que significa aproximadamente 20% da superfície do país. Pela janela passam árvores com troncos retorcidos.

Eu estava de olho no relógio pois estava prestes a dar mais uma entrevista. Conforme o tempo passava a paisagem ia ficando cada vez mais árida e o sinal do celular ia sumindo. A Janaína, da Rádio News, sabia que caso eu não ligasse era porque estava diante de um trecho incomunicável.

Mas, e para me convencer disso? O sinal tinha acabado de dar adeus. Avisei o Maurício para parar em qualquer vilarejo, pois buscaria um orelhão ou qualquer telefone.

O vilarejo não aparecia de jeito nenhum e a estrada não terminava. Ao meu redor, a paisagem árida da região de Goiás e no horizonte apenas o asfalto encontrando o céu.

Deixei minhas informações preparadas para serem usadas a qualquer momento e para alívio de todos avistamos um vilarejo. Desci correndo direto para um orelhão instalado na entrada de um bar, espalhei minha apostila sobre o *Rally*, algumas anotações, *post-its* com resumos e pautas. Busquei estar preparada para qualquer pergunta. Tudo era ao vivo.

Para espalhar tanta informação, achei melhor usar o orelhão baixinho e a calçada de apoio. Nosso pessoal começou a sair do ônibus para relaxar e esticar as pernas. Eu me vejo sentada na calçada, na frente de um boteco, com folhas espalhadas, com galinha passando e pessoas me olhando como se eu fosse um alienígena que pousou naquela cidade tão pacata.

O Gildo seguia explicando para as pessoas que nós daríamos uma entrevista e pedia silêncio por uns instantes. Eu queria rir da situação, mas precisava manter a concentração no momento de entrar ao vivo. Aquelas pessoas mal sabiam o que era um Rally e o que estávamos fazendo por lá e mesmo assim ficaram caladas ouvindo a entrevista.

Enquanto o nosso problema era o sinal do celular, talvez para muitos deles o maior problema era a total falta de um aparelho telefônico, sendo aquele único telefone público uma forma de comunicação para emergências. Enquanto GPS fornecem a posição geográfica via satélite, muitos deles não falam com seus familiares há anos e, mesmo se tivessem um meio de comunicação para isso, talvez nem soubessem para onde chamar.

Dando boas-vindas com o famoso "Alô você Vannucci", começamos mais um boletim ao vivo. No dia anterior foi a oportunidade de os pilotos falarem e agora o Maurício também dava o seu recado. O programa é ao vivo e tem um perfil bem despojado, razão pela qual podemos desenvolver uma linguagem mais livre.

Ele funcionava como se estivéssemos ligando para um parente para dar as notícias do dia. Um pouco antes de entrar ao vivo, o Maurício pediu que sua esposa ligasse o rádio no programa. Ela estava doente e foi muito tocante vê-lo pedindo pela recuperação dela ao vivo.

Por mais que a tecnologia tenha avançado no mundo da conectividade oferecendo meios para que as pessoas possam estar virtualmente mais próximas, eu percebo o quanto o rádio tem um charme especial. Ele oferece o grande encanto da imaginação das pessoas que o escutam. A entrevista estava dada, era hora de seguir contra o tempo e a favor do calor que prometia aumentar cada vez mais.

A viagem corria naturalmente quando resolvemos dar uma parada num posto de gasolina para fazer a manutenção preventiva. Já era o começo da noite e o Maurício avisou que provavelmente dormiríamos por lá mesmo. Cada um começa a se instalar.

Onde tomar banho? Começo a olhar ao redor e não vejo nadinha de nada – estávamos sob um galpão vazio. Não tinha o caminhão-pipa para abastecer a caixa-d'água e sequer uma mangueira para tomar banho. Vejo uma movimentação acontecendo e encontro alguns se dirigindo ao outro lado do posto com a toalha na mão. Na pior das hipóteses eu tomaria banho por lá mesmo.

Recebo a notícia de que o mecânico estava chegando para arrumar o nosso ônibus. Ele veio num moto-táxi, fez o reparo como pôde, comprometendo-se a voltar no dia seguinte em Porangatu (GO).

As outras equipes já estavam instaladas no Parque de Exposições, a poucos minutos de nós. Estávamos quase no nosso destino final.

Resolvo dar um telefonema para a família e matar a saudade. Enquanto não chegava a minha vez puxei uma conversinha com a D. Giovana, uma mulher muito simpática que começou a dizer que era a dona do bar vizinho ao posto e eu perguntei: "De um Bar, é? E tem jantar? Arroz, feijão... mandioca?" Eu pensava que seria bárbaro dar uma folguinha para a D. Dora, e por que não jantarmos todos neste restaurante? Fechei o preço e combinei o horário.

Meus desejos não paravam por aí. Pedi para tomar banho no chuveiro dela. Imaginei que seria um banho mais tranqüilo, num banheiro de verdade. Nunca sabemos quando teremos conforto novamente, por isso, no *Rally*, cada colaboração deve ser aceita e aproveitada. Mesmo porque as pessoas que encontramos são solidárias e querem de alguma forma fazer parte desta história, que para nós talvez não passe de um bastidor, mas para eles um conto que ainda vai passar por gerações.

Eu voltei para o ônibus cheia de novidades. Quando contei sobre o jantar todos adoraram e combinamos de nos encontrar no tal do restaurante.

Chamo D. Dora de canto e falo da idéia do nosso banho *vip*. Ela adorou e fomos com nossa toalha e *necessaire* para a casa da D. Giovana. O quarto era simples, parede cor-de-rosa, uma cama de casal encostada de lado, ventilador de teto e uma índia nua desenhada na parede.

Enquanto D. Dora tomava banho, liguei o ventilador e abri as janelas. Estava preparando o quarto para quando ela saísse encontrar um ambiente mais arejado e fresquinho.

Chegou a minha vez. Entro no banheiro e me surpreendo com o tamanho do lugar. Parecia mais um quarto forrado de azulejo. O chuveiro num canto, o vaso sanitário no lado oposto. Deixo minhas coisas no chão e ligo o chuveiro. Que banho fresquinho! Comecei a relaxar e a pensar na vida.

Pensava na D. Dora lá fora descansando, na equipe que já deveria estar nos esperando para jantar, na D. Giovana que nos cedeu este momento mágico, na cidade em que eu estava, Porangatu. O que queria dizer Porangatu? Que banho delicioso, que prazer, que relaxamento! De repente arrebenta o courinho da torneira e a água começa a jorrar diretamente do cano. Torneira caída, água molhando o banheiro e, claro, minha roupa completamente encharcada.

Todo aquele momento de reflexão acaba. O jato de água era tão forte que batia numa porta de ferro logo à frente, fazendo um barulho ensurdecedor. Lá estava eu, pelada, no meio do nada, com uma torneira quebrada na mão vendo aquela mudança de planos. Como estancaria aquela água? Era um misto de gargalhadas de prazer e de pavor.

Eis que surge uma idéia luminosa. Resolvo fechar o registro para conter a água enquanto tento encaixar a torneira, quando ouço alguém do outro lado da parede gritar: "Abra a água! Eu estou fazendo feijãããããããããão." Só faltava essa, o registro da casa ficava no banheiro.

Como um raio, arrumo a torneira e termino o banho. Depois pediria a alguém com mais conhecimento para me ajudar a arrumar o estrago. Poderia ser até o Edhy ou o Críscio. Eles entendem tanto de *Trailers*, ônibus e *motor homes*...

Minha roupa estava toda molhada. Assim que eu saí do banheiro, fui para o restaurante e, por sorte, conheci a Mujaci, uma mulher que estava morando de favor na casa da D. Giovana. Ela me viu naquele estado e me convidou para conhecer algumas peças de roupa que ela revendia no seu quarto, no fundo do restaurante.

Ao atravessar o bar e a cozinha, observei como tinha mulher naquela casa. A cozinha estava a mil, cheia de panelas reluzentes aquecendo nosso jantar. Segui para o quarto da Mujaci. Na verdade eram dois quartos em um, divididos por um lençol pendurado numa cordinha.

Não havia muito espaço. Seja pelas roupas que ela vendia ou pela infinidade de enfeites que preenchiam e coloriam o quarto. Enquanto procurava algo para vestir, conversava com a mulher. Ela morava de favor e estava naquela vida para o que der e vier. O olhar carente de uma mulher desamparada contando suas amarguras me fez decidir por qualquer roupa, desde que servisse. Estava tudo muito bom. Quanto mais conhecia nosso povo, mas agradecia pela vida que tinha. Achei uma calça laranja estilo surfista, que serviu como uma luva. Acabei comprando.

Assim que saí de calça nova encontrei quase todo mundo sentado à mesa, esperando o jantar ficar pronto. Parei para sentir esta cena. Eu estava fresquinha numa noite quente repleta de estrelas, prestes a comer um arroz com feijão e mandioca frita, tudo feito com carinho por pessoas que eu tinha acabado de conhecer, num restaurante simples de beira de estrada. A mesa foi preparada ao ar livre sobre um chão de terra bem debaixo de uma mangueira cheia de folhas. Improvisaram uma luz amarrada na árvore. Toalha xadrez de vermelho e branco e pratos marrom transparente compunham o ambiente.

Um casal abriu as portas de seu carro para dividir conosco a música sertaneja. Que coisa boa! Eu me sentia superprivilegiada por desfrutar deste momento de tranqüilidade.

A comida foi chegando e comecei a constatar algumas suposições que tive quando entrei no restaurante. As mulheres que nos serviam mudaram de roupa, sem falar na maquiagem e no perfume. A maquiagem era bem típica, aquela de bola rosa na bochecha.

Pois é, eu estava num... como posso dizer... bem... como dizem os meninos, arrisco a dizer que estava numa casa de "quengas". Não reconheci de início pois nunca estive em uma, e como reconhecer algo que nunca vimos antes? A situação ficou óbvia. Uma usava um *microshort*, outra um *collant* inteiriço vermelho, cheia de colares dourados. Sem falar da gentileza na hora de servir. Só poderia ser o que eu pensava. E conforme a certeza aumentava me sentia ridícula, afinal eu tinha sido a organizadora e anfitriã deste evento.

De repente o Maurício deu um berro e xinga o cachorro, que tinha acabado de dar uma dentadinha no dedo dele. Eu peço um álcool, mas, como não tinha, D. Giovana aparece com uma garrafa de pinga e um pouco de sal. As gargalhadas são espontâneas, afinal nós temos que nos virar com os recursos que temos.

O jantar esteve delicioso e muito divertido. Era hora de dormir. Depois de tantas gargalhadas nos despedimos e seguimos para o ônibus. No dia seguinte encontraríamos os pilotos e trabalharíamos muito.

Reservei meus pensamentos antes de dormir em homenagem aos pilotos. Mandei um pensamento positivo bem especial, desejando que eles tivessem sucesso nesta etapa Maratona.

E assim terminou mais uma noite, num ambiente extremamente acolhedor. Eu tinha tomado um banho delicioso, estava dormindo limpa e feliz. Eram mais de 10 da noite e tinha acabado de jantar arroz com feijão e mandioca num restaurante de beira de estrada. Teve gente que até dormiu no teto do *Motor home*. Eu vou guardar para sempre a imagem das estrelas entre as folhas da mangueira.

25 de julho
Padre Bernardo – Porangatu
(Missão Cumprida)

> Especial do Tranca
> Etapa 2: Padre Bernardo (GO) – Porangatu (GO)
> Total do dia: 597km
> Deslocamento inicial: 62km
> Especial: 200km para carros, motos e quadriciclos e 137km para caminhões
> Característica: pedras de diferentes tamanhos, erosões, rios, lombas e cascalho
> Deslocamento final: 335km
> Nível técnico: 4 curecas
> Será o dia mais longo do Rally. No final desta especial haverá acesso para o apoio. Este será um dos dias mais importantes da prova devido à dificuldade da etapa cronometrada.
> Fonte: *Dunas Race*

Grace Knoblauch

Acordamos no posto e, após tomar café da manhã, seguimos para a área de apoio de Porangatu, uma cidade a 393km de Goiânia (GO) e com uma população de 40 mil habitantes.

Assim que estacionamos na área das equipes, já começo a preparar minhas notícias. O calor estava intenso e eu não conseguia ficar digitando o diário de bordo dentro do ônibus. Passo o fio da energia pela janela e improviso meu escritório sobre a lona lá fora. Sentei num banco de plástico e apoiei o *laptop* em outro. Assim ficou mais fresquinho, ainda mais quando o Edhy nos ofereceu uma melancia bem gostosa.

Cada um começa a se posicionar e fazer a função que lhe cabe. Os pilotos a esta altura já devem estar correndo e sabe lá que horas vão aparecer por aqui.

Nós estávamos esperando o mecânico do ônibus chegar e lá vinha ele na sua bicicleta conhecida aqui por "circular". Eu pedi a bicicleta emprestada para ir até a sala de imprensa.

Saio pedalando com a mochila nas costas. Resolvo fazer um caminho alternativo passando pelas equipes e vendo o que acontecia naquele dia. Eu usava minha calça laranja de surfista recém-comprada da Mujaci com a camiseta da equipe. Fiz uma trança para aliviar o calor.

Eu estava namorando aquele momento. O sol e o vento que batiam no meu rosto me davam a sensação de estar vivendo um sonho. Estava tudo muito bom. O vento me diz que a chuva não vai cair tão cedo.

Via poucas mulheres pelas equipes, e mesmo me reconhecendo novamente naquele ambiente masculino, eu me sentia mais mulher, mais livre, mais eu. Participando de algo que eu sempre desejei e naquele momento não coloquei preconceitos. Eu, mulher, estava num *Rally*.

Não deixava de ser quem sou, continuava me emocionando com os momentos que talvez para alguns homens passem desapercebidos. Este é o lado feminino do *Rally*, um lado sutil repleto de emoção e um amor que se manifesta quando deixamos aquele lado carinhoso aflorar.

A felicidade às vezes chega nos momentos mais simples da nossa vida. Ela pode estar aqui e agora entre nós, é um estado que vem do coração e no *Rally* aparece no sorriso de uma criança ou no olhar de um piloto. É só sair com o coração aberto para sentir tanta vida pulsando ao redor.

Neste momento de inspiração até uma folhinha que cai rebolando da árvore tem um charme todo especial. Quantas folhinhas caem a cada minuto e quantas vezes vivemos este clima ao vê-las? Não são elas que nos chamam, nós é que nos abrimos para sentir o que elas querem nos dizer, pois elas falam a todo momento e nem sempre as ouvimos.

Eu precisava dirigir com muito cuidado pois dividia a ruazinha com muitas pessoas que visitavam as equipes. Passo pelo totem inflável da chegada e sigo em direção à sala de imprensa. Assim que entrei não acreditava naquela loucura. Lembro de ver o Zinner, fotógrafo da equipe Vedacit, e a Alessandra, do programa *É Show*, pessoas que eu passaria a conhecer dentro de alguns instantes.

Os cabos de rede pareciam espaguetes azuis espalhados pela sala. Os jornalistas se organizavam como podiam, muitos sentados no chão, outros se aglomerando ao redor do *laptop* da organização, recebendo as últimas notícias sobre a classificação.

Eu não entendia aquela bagunça, não conseguia me inserir naquele contexto e muito menos achar o meu lugar neste jogo. Percebi que o melhor a fazer era buscar outras formas de enviar meus boletins. O que importa é estar desenvolvendo os textos deste diário de bordo e fazê-los chegar até a assessoria. Assim, acabei encontrando maneiras divertidíssimas de cumprir meu papel.

O problema não é a situação aparentemente desorganizada da sala de imprensa ou como usá-la, mas a prioridade que cada jornalista tem naquele ambiente. Equipes podem esperar, mas o jornal diário ou a coluna *online* não tem essa chance. A exigência é outra. O objetivo é bem diferente e por isso aquela não era a minha hora de estar lá.

Foi chegando o fim da tarde e eu resolvi ir até a chegada esperar os nossos pilotos – uma foto à luz do dia seria ideal. Chego toda cheia de alegria com a minha supercâmera na mão e recebo a notícia de que um piloto de quadri se acidentou. Lá vem estresse – o que fazer naquele momento? Começo a ter que aprender a lidar com essa situação.

Estava com a Irê ao telefone – para quem está longe sempre parece que o problema é maior. Aqueles homens estão nas trilhas se divertindo e se arrebentando e nós ficamos aqui com o coração no pescoço sem saber o que fazer ou dizer. Paciência é a palavra-chave para nos dar paz e tranqüilidade.

Era a primeira vez que eu dividia a mesma área com a imprensa. É estranho usar esta pulseira azul e circular livremente por aí. Câmeras, repórteres de emissoras, além de fotógrafos de algumas equipes. Começo a conhecer essas pessoas – a primeira delas foi a Vlacira, uma câmera superespecial.

Depois conheci a Alessandra Secco, câmera da televisão para Esportes Radicais. Ela é a namorada do Ranimiro

Lotufo, modelo e apresentador que perdeu uma das pernas num acidente de *paraglider*. A perna mecânica dele é fosforescente, bem chamativa e bem *fashion*.

O Ranimiro é um exemplo de força e capacidade de transformar os acontecimentos da vida. Ele se destacou pela versatilidade em praticar esportes radicais, superação e do quanto a criatividade, associada à coragem, resulta numa imagem fantástica de esperança para outros que podem estar na mesma situação.

Alguns câmeras estavam exaustos. Um deles me chamou a atenção pois estava descalço com os tênis amarrados na cintura.

A noite chegou e eu não me importava mais com a luminosidade da foto, mas apenas em saber, afinal de contas, onde eles estavam? Cada um esperava por alguém.

Estava com outros jornalistas naquela ansiedade da espera. Resolvemos sentar no asfalto e fazer uma roda de prosa. Colocamos nossos equipamentos no centro e começamos a trocar experiências sobre o *Rally* e como cada um tinha aterrisado ali. Foi muito divertido descobrir que todos passaram por incríveis experiências.

Os pilotos começam a cruzar a chegada com o farol ligado. Era mais fácil saber quando nossos pilotos estavam chegando, pois o quadriciclo tem um farol diferente da moto e eles sempre correm juntos. A cada luzinha que eu via de longe tentava descobrir quem se aproximava. Às vezes apareciam carros da organização trazendo pilotos com suas motos na caçamba.

Vejo um quadri chegando e me surpreendo em ver o Luis sozinho. Foi um alívio vê-lo aparecer. Ele estava todo arrebentado e sujo de lama, com o cabelo cheio de pó e o sorriso imenso por ter chegado.

Antes de qualquer informação, resolvo tirar uma foto. Até me deu vontade de chorar – ele estava completamente exausto.

O Luis tinha caído e ficado de ponta-cabeça com a roupa presa no arame farpado. O mais inusitado é ver a alegria que ele demonstra ao contar essa história. Eles se detonam, mas não perdem o ótimo humor.

Eu pergunto: "Cadê o Éderson?" Ele estava quase chegando em Porangatu ajudado pelo Péricles, outro piloto de quadriciclo. Achei fantástico saber que realmente o espírito de equipe está aí e pode mostrar como tudo fica mais fácil quando se tem um amigo. Decidimos esperar por eles na área de apoio.

Enquanto dávamos assistência ao Luis, chega o Péricles rebocando o Éderson. Eles demoraram um pouquinho mais pois na volta tomaram um refrigerante chegando em Porangatu. Será que foi na D. Giovana?

Eles chegam contando as histórias do dia. Atravessar rios com motos é um feito muito difícil. Eles precisam manter os veículos acelerados para não danificarem o motor e ao mesmo tempo empurrarem a moto pelas pedras que ficam no fundo do rio. Se com duas rodas já é difícil, com quadriciclo é muito mais, pois, além de ser mais pesado, ele tem quadro rodas, que, num momento assim, dificultam a travessia do rio.

Para que sofrer sozinho se as situações ficam mais fáceis quando se tem a ajuda de um amigo? Os dois decidiram se unir e levaram o primeiro quadriciclo até a margem; voltaram se refrescando e dando risada para trazer o segundo quadri. Quando estavam chegando, encontraram o Péricles e também o ajudaram a empurrar o quadriciclo. Isso é fantástico no *Rally*.

Os quadriciclos dividem a categoria com cerca de 100 motos, porém representam apenas sete neste *Rally* de 2003. Se um desiste, a competição perde a graça. O que adianta ser o primeiro colocado quando não existe um briga boa com o segundo competidor? Por isso eles se unem – é a forma de manter a competição mais emocionante, buscando em alguns momentos nivelar a dificuldade e em outros fazer o adversário comer poeira.

O Éderson conta que estava dividindo a pista com o Péricles, mas, com o calor, decidiram pedir água num sítio que beirava a pista de competição. O dono saiu da casa com uma espingarda na mão. Este morador temia ataques dos sem-terra.

Mais uma vez esbarramos numa dura realidade que muitos estão enfrentando. Este livro não tem o objetivo de ser um manifesto político, mas não podemos deixar de questionar onde foi parar a paz do nosso país? Aquele Brasil tão lindo, cheio de belezas naturais, também é um país pobre, com pessoas temerosas de seu futuro incerto. Buscamos um país justo para todos, onde moradores não precisem andar com espingardas para proteger uma terra seca.

Mas o que acontece na verdade é que a aridez ainda está dentro de cada ser humano deste Planeta, tão frágil e tão forte. Enquanto existem seres desvendando os desígnios da humanidade, outros ainda brigam pelo que comer. Pessoas que não possuem nenhuma perspectiva de futuro, que mal sabem o que é sonhar. Sonhar virou luxo para muitas pessoas...

Eu acredito que por menos que tenhamos, se ainda conseguirmos sonhar, podemos ter esperança. Só tem esperança quem consegue transformar um sonho em objetivo e descobre que somente pela ação conseguimos mudar alguma coisa. Basta olhar a história e reconhecer tantos homens que descobriram o poder da ação associada a um objetivo.

Quando este grande homem surge, propicia a evolução de muitos outros. Ele vem carregado com a emoção de quem deu seu primeiro passo por um mundo melhor e tira as vendas que impedem que a verdade se revele para todos.

O que importa é sermos nós mesmos. Seguindo o que acreditamos como certo, sem medo e – quem sabe? – contribuir para uma consciência muito maior sobre quem realmente somos e o que estamos fazendo neste Planeta. Para isso, nada melhor que ouvir nosso maior aliado: o sentir.

O sentir está além do tempo e do espaço. Ele poder voar, sonhar e trabalhar como uma antena, um radar. Estamos unidos pelo nosso sentir, num grande pulsar, num grande pensar. A harmonia é o grande elo; quem entra em harmonia e passa a escutar sons inaudíveis ao ouvido comum será capaz de reconhecer neste meio sua real utilidade nesta vida.

A vida é um grande presente e, sinceramente, agradeça a cada dia pela maravilha que se vive. Essa maravilha não está fora, mas dentro de cada um. Quantos fizeram o *Rally* e quantas histórias você ainda ouvirá por aí? O *Rally* é o mesmo, o que muda é como cuidamos deste jardim de vivências, que agora eu partilho com você.

O *Rally* é assim, repleto de contrastes. Fazendo um raio-X nos nossos guerreiros, eu ficava arrepiada. A roupa tão linda da largada estava dura de pó. Os óculos do Éderson ficaram sem a proteção. Ele chegou querendo sossego, estava tão dolorido que mal conseguia tirar aquela roupa pesada. Seus olhos estavam cheios de pó e, conforme passava água, tentava desgrudar aquela pasta que se formava entre os cílios.

Estava tudo bem com ele: já eram 10 da noite e eu ainda precisava mandar meus boletins. Será que ainda pegava a sala de imprensa aberta? Era preciso correr. Assim que cheguei estavam fechando e eu me vejo junto a um fotógrafo, o Zinner, tentando convencer a Ana a nos deixar usar uma conexão. O diário de bordo estava no disquete, bastava uma conexão e pronto.

Eu estava no meio do nada, já era tarde e a sala já deveria ter sido desativada há muito tempo. O Zinner é um dos fotógrafos da equipe Vedacit.

Não dava para insistir mais, na sala estavam todos exaustos. Era abuso. Depois de sermos "expulsos" da sala de imprensa percebemos que tínhamos que encontrar uma conexão de qualquer forma. O pior é que Porangatu era uma das melhores cidades do *Rally* em termos de estrutura. Se não conseguíssemos enviar o boletim naquela noite, provavelmente não conseguiríamos mais.

Pelo horário, eu precisava de companhia masculina para me sentir mais protegida e poder sair por aí pedindo uma linha telefônica e o Zinner precisava de um *laptop*. Resolvemos nos unir e debandar por lá. Primeiro entramos num bar. Nós tínhamos que achar um lugar com telefone. O pior é que o rapaz queria cobrar R$ 1,00 por minuto. Um absurdo! O Zinner não aceitou. Então fomos para uma rádio local, mas ela estava fechada.

Resolvemos entrar no Parque de Exposições e buscar alguém do restaurante para nos ajudar, pois era o lugar mais visitado do *Rally* – as chances seriam melhores por lá. Entramos no restaurante e, conversando aqui e ali, descobrimos que a dona era a esposa do Secretário de Esportes de Porangatu e nora da proprietária de um dos melhores hotéis. O secretário ligou para o hotel e conseguiu que fôssemos para lá e um amigo dele nos deu carona.

Quase não acreditei! Conseguimos a conexão, carona e mais uma prova da hospitalidade deste povo.

Chegamos num hotel que era uma gracinha. O gerente nos concedeu sua sala. Invadimos a área, tomamos guaraná e muito café. Enviamos tudo que precisávamos. Que alívio!

Quando chegou a minha vez o Zinner já estava dormindo em pé. Ficamos conversando algumas horas, ele me disse que também gostava de mergulhar e adorava viajar pelo mundo, completamente livre.

Apertei "enviar e-mail" e pronto! Olhei no relógio: já passavam das 4 da manhã. Saímos do hotel e fomos andando até o Parque. Estava uma noite quente e estrelada. Senti alívio por conseguir enviar as informações – era para isso que eu estava lá, era o meu dever. Estava cansada, mas extremamente feliz. Missão cumprida.

Cheguei na equipe e encontrei o pessoal da Bike Box ainda arrumando as motos. Nossa, que trabalho! Eu estava com sono, mas ainda com a adrenalina correndo em minhas veias. Montei no quadri enquanto o Bonitinho fazia a manutenção. É bom se sentir por dentro dos bastidores. Os mecânicos passam de seis a sete horas por noite arrumando, arrumando e arrumando. Eram quase cinco da manhã e partiríamos às 7h30min do dia seguinte. É hora de repor as energias.

26 de julho
Porangatu – Palmas

(Saudade)

Especial do Labirinto
Etapa 3: Porangatu (GO) – Palmas (TO)
Total do dia: 591km
Deslocamento inicial: 14km
Especial: 214km
Característica: Estradinhas de fazenda com velocidade média e alta no início, com muitas lombadas. Nos últimos 50 quilômetros a especial será mais travada e estreita. Não há pedras
Deslocamento final: 363km
Nível técnico: 2 curecas
A navegação será de extrema importância.
Fonte: *Dunas Race*

●●➡ *Grace Knoblauch*

Mais um dia de *Rally* e pela frente a ordem era "partir". Eu dormi tão pesadamente que mal vi os pilotos saírem. Decido tomar um banho rápido antes de partir. Encontro um cubículo ao lado do banheiro. Alguém havia amarrado uma mangueira na frestinha da parede com o telhado. Era lá mesmo. Pedi para o Bonitinho ficar na porta cuidando para ninguém entrar enquanto eu tomava um banho. Por mais improvisado que seja, banho é banho. Estava uma delícia. O calor era tanto que a água fria era uma bênção.

Seguimos viagem com destino a Palmas. Encontraremos nossos amigos de noite. Durante a viagem pude avistar algumas serras no meio do cerrado. Palmas é a capital de Tocantins com 122 mil habitantes. É uma cidade muito ampla e organizada e percebemos que foi muito bem planejada.

Estava um dia lindo. Como elemento feminino da equipe, ao chegar em Palmas bato palmas e todo mundo entra no embalo. Engraçado, por que será que quando um monte de gente cansada se encontra só sai palhaçada? A estrutura de Palmas era diferente. Ontem as equipes estavam mais juntas, era uma muvuca de pilotos, mecânicos, jornalistas e curiosos. Aqui as equipes estão mais isoladas.

Estava realmente muito quente por lá e dava até medo sair no ônibus. Tudo bem, tem que sair mesmo, né? O Duda me chama e quando chego sou surpreendida por um jato de água do esguicho. Onde ele arrumou esse esguicho tão rápido? Com o calor que estava eu nem reclamei; confesso que fiquei louca da vida, mas foi legal tomar banho de esguicho no meio da rua. Aproveitei que ficou fresquinho, peguei meu bloco de entrevistas e sentamos num tronco de árvore caído para repassar o resultado da manutenção dos quadriciclos.

Pilotos exigem das máquinas e recebem em troca a conseqüência por tanto esforço. É quadri com a frente desalinhada, tanque de combustível traseiro perdido e rodas frouxas. De forma geral, os quadris chegam com problemas comuns de *Rally*, avarias esperadas.

Saí para dar uma voltinha e descobrir onde estava a sala de imprensa. Como já tinha enviado um diário de bordo bem completo no dia anterior, não precisei me preocupar muito com as notícias daquele dia. Os pilotos não tinham chegado e eu poderia encontrar alguns amigos e me divertir um pouco.

Saio da periferia do parque e vou ao centro onde tudo acontece. O totem da chegada. Quando me aproximo do *stand* da organização, vejo uma pessoa nova na secretaria. Achei que poderia ser a Val. Mas como ela estaria aqui, se o Alan me disse que o pai dela havia falecido um dia antes da largada? Cheguei perguntando: Val?

Era ela mesma! Meu Deus! O que ela já estava fazendo aqui em Palmas? Assim que ela me reconheceu fomos dar uma circulada juntas até as margens do rio Tocantins. Afinal, depois de tantas vezes nos falando pelo telefone, não custava nos conhecer melhor.

A Val começou dizendo: "Grace, a vida continua". Ouvir esta frase de uma pessoa como ela foi algo mágico. Tem uma força incrível. Ela completava dizendo que veio para o *Rally* buscar, naquele momento, a agitação, o carinho das pessoas que convivem com ela. Existia também o profissionalismo e, apesar de toda dor, entende que a vida continua e que o certo era estar ali entre nós.

Eu não sei onde ela buscou essa força, mas, seja lá onde esteja o pai dela, assim como o de tantos amigos que já perderam seus pais, deve estar muito orgulhoso da força que existe dentro de seus filhos. Eu não sei o que é perder um pai, mas sei que muitas vezes, quando não encontro uma saída, eu penso no legado deixado pelos meus antepassados, no que eles fariam para enfrentar determinada situação. Parece que nasce dentro de nós uma consciência sobre tudo que eles nos ensinaram enquanto vivos ou pelo exemplo passado pelas gerações.

Fomos até as margens do rio Tocantins contemplar o pôr-do-sol que, assim como a passagem da morte, se despede de nós, mas nasce em outras paragens para continuar com todo seu brilho. Essa certeza nos alimenta e alimentou nossa conversa – não a senti desamparada. Talvez, como diz meu pai, estar longe não significa estar só.

Anoitece. Antes de voltar para a equipe aproveito para assistir um pouquinho do *briefing*. Atravesso o gramado e encontro a Sayuri, repórter de televisão, sentadinha na calçada. Quando pergunto o que havia, ela diz que estava chorando de saudade de casa, e nessa hora também lembrei da minha família e em tudo o que ficava para trás.

O ambiente é hostil para uma mulher. Sem dúvida alguma não temos nossos mimos e gentilezas. Não temos o nosso banheiro cheio de creminhos perfumadinhos. Espelho para vermos o corpo todo? Só se for no reflexo dos carros. Aqui no *Rally* eu vejo que isso é bobagem.

Carregamos apenas um desejo de aventura no peito. Ser mulher não está fora, mas sim dentro de nós. Naquele olhar de quem sempre tem uma palavra doce para transmitir, com toda doçura de quem sabe admirar as estrelas da noite, mesmo aqui no sertão, em que nossos cabelos vão ficando cheio desta poeira vermelha, e que convivemos com homens severos, solitários e radicais.

Mas será que é só isso que são esses homens? Conforme procuro a essência dentro do olhar de cada um, encontro a vida pulsando forte. Não é esta competição que faz deles pessoas brutas ou carinhosas, mas o que eles são como pessoa. Esses homens passam por momentos que só eles podem descrever. Sofrem com o calor, dor muscular e muita solidão. Qual piloto não se entristece quando funde seu motor? Qual piloto aceita a frase: "Com este acidente, o *Rally* acabou para você". A brutalidade não está fora, mas dentro de cada um e aqui no *Rally* encontrei homens cheios de vida.

O homem simples não necessariamente é bruto, da mesma forma que um homem sofisticado não necessariamente é sutil. A sutileza está em contemplar o perfume de uma orquídea, seja num *Rally* ou na varanda do seu *loft*. A brutalidade aparece quando somente números e conversas materialistas fazem parte da sua roda de "amigos", sabendo que um deles está precisando de um ombro e nem por isso alguém se sensibiliza.

O seu amigo vai bem? Você acha que ele vai bem ou você já perguntou isso a ele? Saibamos aprender com as orquídeas, flores selvagens, mas que exalam um perfume doce.

Depois de conversar com a Sayuri, lembro que era preciso voltar e saber como estavam os pilotos. O Éderson perdeu o tanque reserva de combustível – dizem que está com os Canastras. O Luis ficou sem combustível e teve que ser guinchado. Ficou sem freio traseiro, o pivô estourado, a barra de direção torta, torre e *hold book* desalinhados, guidão torto, roda solta, o óleo não abaixou como esperavam. O protetor de cárter ficou no caminho e foi recolhido pelo apoio da equipe Petrobras Lubrax do caminhão do Jean Azevedo. Foram necessárias sete horas para arrumar os quadris.

Estavam todos entretidos com a manutenção e eu decidi que podia ajudar. Fui procurar o tanque de gasolina perdido com os Canastras ou seja lá qual fosse a equipe. Depois de rodar tudo que podia não encontrei nada. Quem sabe na próxima parada.

Volto para nossa equipe e recebo as notícias das baixas. Piloto fraturando a bacia, outro perdido no meio do nada esperando resgate. Essa já era uma notícia muito diferente das outras. Enquanto um piloto está perdido, ele ainda pode competir; enquanto o veículo está em manutenção, ele ainda tem a chance de continuar.

Só que existem situações básicas para o *Rally* terminar para um piloto. Quando o veículo ficou tão avariado que não pode mais levar o piloto ou quando o piloto se acidentou e não pode levar seu veículo. Será que a vida também não é assim?

O veículo é o corpo e o piloto é a alma. O conjunto nos dá a oportunidade de viver. O corpo é o veículo que nos possibilita tantas experiências. Cuide do corpo e da alma para continuar a cumprir tudo aquilo a que você se propôs ao nascer.

Um corpo doente não dura muito tempo e uma alma doente também não garante vida boa. A vida é preciosa e faça por merecê-la. Dirija seu veículo com cuidado para que ele não te abandone numa esquina qualquer e cuide da sua alma para que ela possa fazer valer a oportunidade da Vida. Quem vive, o corpo ou a alma? Como você quer estar quando a corrida terminar?

27 de julho
Palmas – Colinas
(Carta Fora do Baralho)

Especial Jalapinha
Etapa 4: Palmas (TO) – Colinas (TO)
Total do dia: 465km
Deslocamento inicial: 76km
Especial 1: 100km
Característica: velocidade média e baixa, lombas, mata-burro e navegação.
Deslocamento: 190km
Especial da Arroba
Especial 2: 66km
Deslocamento final: 33km
Nível técnico: 3 curecas
As etapas especiais terão bom nível técnico. As lombadas, apelidadas de "esfria-saco", exigem atenção redobrada. As pontes de tora, com grande vão interno, também precisam de cuidados.
Fonte: *Dunas Race*

●●➡ *Grace Knoblauch*

Saímos logo cedo com destino a Colinas (TO), uma cidade com 26 mil habitantes, e nos despedimos de Palmas, atravessando uma enorme ponte sobre o rio Tocantins. Como é grande! Parece mais um lago de tão imenso. Como é lindo observar um rio que ainda vive. Cresci em São Paulo e ver um rio tão limpo beirando uma cidade é uma dádiva. O Edhy queria tirar uma foto de qualquer jeito. Estavam todos maravilhados.

Uma ficha acaba de cair: eu não faria turismo nesta viagem. Conforme os dias vão passando vejo que trabalhar é o lema por aqui.

A estrada corre livre. Ao chegar na cidade de Colinas passamos por um piloto de moto completamente arrebentado. Ele estava com sua mão e perna direita posicionadas normalmente, mas o lado esquerdo completamente relaxado, como solto, como se ele não pudesse dobrar o braço nem a perna. Maurício deu uma buzinadinha e acenou como se dissesse: "Vai fundo que já já você chega na equipe". De etapa em etapa o *Rally* mostra suas baixas.

Assim que entramos no parque do apoio estacionamos o ônibus ao lado da Bike Box. A manutenção estava linda debaixo daquela árvore tão frondosa que conseguiu dar sombra para os veículos. Hoje é um dia mais tranqüilo e curto. Creio que nossos pilotos devem chegar em algumas horas.

Enquanto digitava meu diário de bordo, ouvi uma agitação na frente do ônibus. Olho pela janela e vejo uns 10 meninos brincando com o Maurício. Eles queriam adesivos em troca de um jogo de capoeira. É claro que daríamos adesivos de qualquer forma para eles. Meninos querendo jogar capoeira? Eu não ficaria de fora desta.

Desci do ônibus com alguns adesivos e a máquina digital na mão. Dois meninos de uns 11 anos começam a dançar. Formamos uma roda em volta deles com os outros que estavam por lá e começamos a bater palmas no ritmo da dança.

Que demais aquele momento! Cada cidade, uma surpresa, e naquela hora fomos abençoados com a simplicidade e pureza das crianças. Meninos têm uma criatividade diferente. Eles fazem o momento acontecer com mais pimenta. Eles estavam envergonhados e cheios de vaidade. Entregamos os adesivos e eu aproveitei para tirar uma foto – momentos assim ligados à pureza das crianças eu preciso registrar. Capoeiristinhas em Colinas? Que delícia! Lembrei da nossa querida Salvador (BA), o caldeirão do misticismo.

Enquanto os pilotos não chegam, aproveito para dar um pulo na loja do *Rally*. Ainda não tinha comprado nenhuma lembrancinha. Volto e encontro nossos pilotos e os quadris na manutenção. O Éderson chegou com a roda empenada. Devido à péssima qualidade da gasolina, as agulhas de cedi do carburador não agüentaram. O clima quente faz com que o óleo queime mais rápido. Todos os parafusos estavam frouxos e o disco de freio estava danificado. Foram necessárias seis horas para arrumar.

O quadri do Luis estava com o carburador vazando e sujo – isso se deve também à péssima qualidade da gasolina. Por causa de uma queda foi preciso alinhá-lo e apertar os parafusos em geral. Onze horas de manutenção.

Ficamos sentados na lona batendo papo enquanto passava o resto do dia. Eu decido abandonar a calça *jeans* e opto por um *short* mais fresquinho. Que se danem as pernas de fora – o calor está demais. A noite vai chegando, tomamos banho e vamos para o *briefing*.

Normalmente circulo pelo *Rally* sozinha, pois, quando chegamos nas cidades, geralmente os mecânicos dormem ou começam a preparar os veículos. Os rapazes do apoio vão circular pela cidade enquanto não chegam os pilotos e eu estou em geral no *laptop* ou correndo atrás de uma conexão para mandar um e-mail.

Por isso saio toda orgulhosa ao lado dos pilotos, mostrando para mim mesma que é para eles que eu torço todos os dias e sem eles ninguém teria por que estar aqui. Eles fazem acontecer no dia-a-dia e toda estrutura é para a competição em que eles participam. Eu escrevo sobre a viagem deles e quando estamos juntos pára o tempo para mim. A D. Dora e o Sr. José seguem juntos conosco para o *briefing*.

A organização ressalta trechos perigosos e demais alterações na planilha e depois passam num telão as imagens captadas no dia. Pilotos se assistem e se divertem com as cenas mais bizarras.

Voltamos para o ônibus, a manutenção corre solta e a poucos metros ficamos dando gargalhadas sob aquele céu de estrelas com as estórias e histórias dos pilotos.

O Luis começou dizendo que estava pilotando ao lado do Éderson sentindo muito calor dentro daquela roupa de couro. Eles estavam bem no meio de uma especial cronometrada e não podiam parar e descansar sob uma árvore. Eles avistaram uma propriedade ao longe. Eles se olharam e olhavam para frente e decidiram entrar. O que fazer quando a necessidade fala mais alto? Será que lá haveria um poço? Será que lá era um oásis?

Batem palmas na porta da casa e falam aquele típico jeito brasileiro de chegar: "Ô de casa?". Um morador sai ressabiado, pois, afinal, quem está acostumado a receber pilotos de quadriciclo na sua porta? Eles pedem para beber água. O morador mostra onde fica o tanque.

Enquanto matavam a sede viam seu reflexo na água sobre aquele céu quente sem nuvens do sertão. Não agüentaram: eles se jogaram com aquela roupa no tanque e ainda ficaram boiando. O mundo parou para eles naquele instante. Eles conseguiram se desligar daquele contexto caótico da competição e desfrutaram alguns minutos de calma e paz. Aí estava uma diferença: enquanto alguns pilotos correm pela vitória, outros correm por prazer e ambos dividem a mesma pista. É delicioso ver as alegrias dos nossos pilotos.

Veículos passavam, eles se olhavam e perguntavam: "Vamos voltar?" "Ah, não. Só mais um pouquinho". Os dois continuavam boiando num poço bem no meio de uma especial cronometrada, olhando céu, dando gargalhadas e deixando a água entrar na roupa.

Num momento mais adiante, o Luis estava dirigindo e encontrou um piloto de moto pedindo socorro. O piloto acenava e gritava: "Gajo, gajo!" Ele precisava de ajuda, precisa ganhar, precisava chegar. Era um piloto reconhecido e a vitória está entre seus objetivos.

O Luis verificou se o piloto tinha certeza de ser rebocado, pois é muito difícil conseguir estabilidade amarrado na traseira do quadriciclo. O piloto não teve dúvidas, qualquer ajuda era bem-vinda. Amarraram os veículos e seguiram. Foi um verdadeiro show em termos de habilidade na direção. Mesmo na hora de atravessar os trechos mais complicados o conhecimento técnico foi impressionante, realinhando a moto e mantendo a firmeza nas mãos. Somente um piloto com o nível do Paulo Marques para conseguir se manter firme numa corrida assim.

Quando chegou num determinado mata-burro não foi possível alinhar a moto e o Paulo Marques caiu. Não dava mais para continuar. Antes de ser o primeiro lugar é preciso pensar em chegar. Será que toda ajuda vale? Quantas vezes precisamos exceder nossos limites?

Cada um dá o seu tom e sabe o quanto pode seguir. O *rally* é paciente e tem 10 dias para testar o limite de cada um. É preciso saber perder algumas batalhas para se ganhar uma guerra. Presenciamos a experiência do Paulo Marques – ele era um dos favoritos e não conseguiu terminar a prova. Às vezes é preciso saber se recolher, pois, enquanto há vida, há o dia seguinte e uma nova chance.

Se não dermos a pausa nosso conhecimento não se renova. Será que a vitória é a única opção do dia? Confesso que ela nos intriga e nos move, porém as emoções e as experiências que nos levam a ela são também verdadeiras jóias desta vida. Por isso que focar apenas na vitória não é o bastante quando ignoramos os processos da vida como um todo, principalmente aqueles que levam tempo para se maturar.

Jantamos mais uma comidinha maravilhosa e decidimos acabar com as lendas por hoje. Enquanto todos dormiam eu volto para o *laptop* e adianto meu texto. Começa a bater uma saudade que não entendo de onde vem. Entre uma frase e outra recordo de tanta coisa que passou pela minha vida! Tantos encontros e tantos desencontros. Ouço música no fone de ouvido e observo poucas luzes lá fora.

Pela janela vejo o Robert Nahas consertando seu quadriciclo. Como é impressionante a garra destes pilotos. Ele vai largar amanhã cedo e está dando tudo de si ao lado do mecânico para deixar o quadri em condições. Pelo visto o problema é grave e ele está na iminência de sair da prova. O quadriciclo dele é um dos melhores e aqui não dá para fazer mágica ou construir algo espetacular. Ele fica com uma luz improvisada a 01h57min da manhã. Caramba. Merecimento é algo conquistado com esforço. Só ele sabe a aflição que está sentindo e a vontade enorme em deixar este quadriciclo funcionando.

Uma saudade misturada com um sentimento melancólico volta a bater no meu coração. O que será? Acho bom dar uma voltinha. Ouço lá no fundo boas recordações e sonhos.

Quantas vezes sentimos algo forte no coração. Sentir isso é ótimo. É a oportunidade de nos motivar a viver tantas experiências, e quando damos conta percebemos a força que este sentimento nos traz!

Entre uma equipe e outra eu observo pilotos cansados, dormindo em barracas sobre as estrelas – afinal, é madrugada no Sertão. Quem me dera encontrar alguém para poder conversar. Era uma daquelas noites em que a gente quer falar. Daria uma bela conversa filosófica.

Eu precisava contar mil sentimentos que estavam entalados na minha garganta. Eu sentia o turbilhão que me trouxe até aquele momento – quantas vezes pensei nisso enquanto me preparava para estar ali. Ao mesmo tempo, quantas vezes me perguntei sobre temas não resolvidos: "Por que não deu certo?". E a resposta era sempre a mesma: "Não daria certo", "Ainda não chegou a hora" ou "Não é dessa vez". Aprendi que a vida nem sempre acontece como queremos.

O que mais perguntar, o que mais entender? Eu cheguei até ali querendo rever tanta emoção deixada pra trás e encontrei o paredão dos limites, porém a vida é sempre generosa e quando uma porta se fecha outra janela se abre e eu percebi que uma estrada nova começava ao lado. Melhor ir embora e seguir de uma maneira diferente daquela que me trouxe até aqui. Podemos viver sonhos lindos, mas se iludir é perder tempo se enganando.

Fui honesta comigo. O deserto do Jalapão terá esta marca da passagem. O que é a impossibilidade de realizar um grande sentimento? Eu sinto apenas algo simples. O universo é muito perfeito e foi concebido com muito amor. Se de alguma forma você não está junto de quem gostaria é porque existe uma razão maior. Faça a sua parte, mas não lute contra a natureza – muito pelo contrário, esteja a seu favor.

Naquela noite eu percebi que objetivos complexos muitas vezes se comportam como catalisadores de grandes feitos. Colocamos um ponto fora e nos esforçamos para atingi-lo, mas para que isso aconteça vivemos outras experiências paralelas com um altíssimo grau de conhecimento e que são o real sentido da vida. Esses objetivos não são o fim da experiência em si, mas sem eles não daríamos nenhum passo.

Quando observamos dessa forma, entendemos que esta coragem já está dentro de nós e que isso se traduz em segurança e eu confio nesta energia – ela nos trouxe até aqui e ela nos mantém nesta estrada e parece que, quanto mais a escutamos, para melhores lugares ela nos leva. Talvez essa seja a tão falada voz do sentir.

Somos tão pretensiosos achando que certas histórias acabam com o primeiro obstáculo... Tanta água ainda pode passar por baixo da ponte... Como dizem os pacientes indianos: "Eu sei para onde corre o Ganges", no sentido de dizer que é preciso esperar e confiar. Quando menos esperar, um dia a vida ainda pode te surpreender. Continuando na linha dos indianos, "não adianta tirar a semente todo dia da terra para ver se ela já germinou".

28 de julho
Colinas – Araguaína
⬇
(Caleidoscópio)

Especial do Voa Baixo

Etapa 5: Colinas (TO) – Araguaína (TO)

Total do dia: 213km

Deslocamento inicial: 13km

Especial: 138km.

Característica: Média e alta velocidades, piso de areia, pouca pedra com boa navegação e sinuosidade

Deslocamento final: 62km

Nível técnico: 2 curecas

Os últimos 80 quilômetros da etapa especial será de alta velocidade, com o piso bom. O dia será mais tranqüilo, possibilitando que os competidores cheguem mais cedo a Araguaína para providenciar a manutenção dos veículos.

Fonte: *Dunas Race*

Grace Knoblauch

Nada como uma dia após o outro. Nossa próxima parada é Araguaína, uma cidade com 115 mil habitantes posicionada estrategicamente na competição. Com aeroporto comercial, ela é um ótimo lugar para participantes e entusiastas entrarem ou saírem do *Rally dos Sertões*.

O plano para aquele dia era fazer um churrasco bem gostoso. Por isso, antes de estacionar o ônibus com as outras equipes, paramos num supermercado para comprar carne.

Olho para as peças de carne penduradas no açougue e não sei por onde começar. Quando tem churrasco eu ajudo a fazer a maionese, a salada ou o vinagrete, mas escolher a carne não é o meu forte, ainda mais no meio do *Rally*. Fui salva pelo mosaico de pessoas que compõem nossa equipe. Quer coincidência maior do que termos entre nós o Gildo, dono de um açougue?

Em segundos ele já estava do lado de dentro do balcão selecionando as melhores peças. Como se não bastasse, pegou a faca e cortou a carne do jeitinho todo profissional. Quem poderia imaginar isso? O Gildo é um grande amigo do Éderson e está no *Rally* para o que der e vier. Ele é um empresário da carne lá fora, mas aqui ele lava a roupa de couro dos pilotos depois que eles correm o *Rally*.

Aqui temos a oportunidade de realizar tarefas que freqüentemente delegamos para outra pessoa; aqui nos igualamos aos demais, descemos dos pedestais imaginários, pois um está para ajudar o outro. Ao realizar funções mais simples nos aproximamos de sentimentos livres. O orgulho e a vaidade de trabalhar de salto alto dão lugar à simplicidade do chinelo de dedo.

Vendo o Gildo cortando a carne, penso que uma equipe é realmente boa quando possui diferenças harmônicas. Cada um tem características muito peculiares e extremamente diferentes, mas, quando colocadas no caldeirão do dia-a-dia, transformam-se num mar de alternativas para as mais diversas situações.

Viemos para este *Rally* compondo um grupo heterogêneo, esforçando-nos para fazer com que os dias sejam cada vez mais especiais. O mau humor também aparecia, mas nada que uma piadinha não resolvesse. Entre conversas paralelas vejo o brilho no olhar de cada um. Estamos falando de esperança, de fé, de paixão.

D. Dora e o Sr. José estão dando um show de paciência. Pensa que é fácil para eles enfrentarem o *Rally*? Um dia vai bem, mas será que ao décimo dia podemos dizer a mesma coisa?

Quanto aos nossos homens do *motor home*, Edhy está sempre animado – enquanto pensa na situação do ônibus coloca um forró no rádio. O Críscio é uma pérola de tanta calma. Como gente calma também é importante no *Rally*! Ele está sempre preocupado com a situação do ônibus e sempre tem um sorriso no rosto.

Quanto aos mecânicos dos quadris, Duda é o mais velho – a barba dele não pára de crescer e ele não vai tirar tão cedo. O Bonitinho é mais jovem – é uma pessoa muito especial, tem uma bondade no coração que quase transborda de tão linda.

Maurício é o chefe de equipe – está sempre pensando em tudo e, conforme os problemas surgem, vai ficando difícil lidar com a hérnia de disco. Ele é o elemento pique total do time.

Era a hora de seguir para a área dos apoios. Estacionamos o ônibus e começamos a armar o circo: colocar calço para manter o ônibus plano, abrir a lona laranja, puxar o toldo amarelo, colocar a placa dos patrocinadores, passar a fita amarela e preta, ligar a energia, ligar a água, ligar o som, *laptop*, carregar o celular, abrir a torneira e ligar o fogão! Tudo funcionando.

Os pilotos chegam e a D. Dora começa a fazer a maionese mais gostosa do mundo. O Gildo prepara a churrasqueira com o Edhy e o Críscio, enquanto que os mecânicos seguem para a tenda da manutenção. Churrasco quando está bom tem perfume e não cheiro.

Eles tomam um banho de esguicho e relaxam sobre a lona. Estamos mais uma vez reunidos para nos divertir e o Éderson abre o show de lendas do dia dizendo: "Tomei um rola incrível hoje". Eu não entendi muito bem o que era um rola até me explicarem que é quando eles tomam um capote. A explicação não resolveu muito. Não importa muito se foi de frente ou de lado, ou ainda se o quadri passou por cima. Rola é capote e ponto final e tudo isso é um tombo e ponto final.

Durante o *Rally* existem postos de controle. Cada vez que um piloto passa por um posto de controle, ele recebe um carimbo. Quando o piloto segue direto é penalizado em uma hora. Isso aconteceu com o Éderson. Mesmo com a penalização e o capote ele ainda está em 2º lugar na geral.

A conversa estava boa, mas eu ainda tinha mais textos para enviar. Vou para a sala de imprensa, mas não adianta, está muito cheio. Encontro o pessoal do *Webventure*, aproveito para contar a história do banho cheio de charme num tanque no meio da especial. Uns dias depois o site da cobertura oficial do *Rally* fez uma referência a este momento.

A noite foi chegando e saímos para dar uma voltinha e ver se ainda pegamos o *briefing*. Negativo! Já tinha terminado. Tudo bem, voltamos para o ônibus. Chega o Duda dirigindo o quadriciclo. Foram feitos alguns reparos e estava na hora de testar o quadri. O Luis sobe e dá algumas voltas, além de fazer o seu número especial: andar em duas rodas. Todos ficam morrendo de medo, pensando que ele vai cair. É tudo show, é tudo uma grande brincadeira.

Assim que ele sai do quadriculo, o Duda pergunta se eu não quero dar uma volta. Meio receosa, pulo na garupa, isso se posso chamar aquela parte de garupa, pois, na verdade, é somente um estofado. O Duda sai da área de acampamento e dá umas aceleradas na estradinha.

Foi a primeira vez que andei de quadriciclo. O frio na barriga é imenso ainda mais quando você está só de bermuda, camiseta e chinelo. O quadri dá uma estabilidade diferente. Como estou na garupa posso me distrair, olhar o céu e ver as estrelas. Mais uma vez aquela sensação de liberdade.

Eu nem me importava mais com o vento que embaraçava meus cabelos. O barulho do motor que arranhava o silêncio da cidade, o imenso céu de estrelas acima de nós, cheio de paz e quietude.

É muita adrenalina estar num quadricilo. Se estamos a 20km/h, imagine os pilotos a 120km/h? Pensar que eu escrevo todos os dias sobre estes pilotos, que chegam todos os dias depois de pilotar essa espécie de touro, pois, afinal de contas, ele é robusto, invocado, masculino e pesado. A carenagem azul é invocada e quando eles chegam sentimos força com descontração.

Depois desta voltinha meus relatórios nunca mais serão os mesmos. Realmente é preciso se envolver com os processos para que possamos extrair o melhor da nossa capacidade cerebral, intuitiva, emocional e – por que não? – espiritual também.

Esta emoção desperta a concentração. Focamos em nossos objetivos, ficamos mais seletivos e coerentes em relação ao que nos leva a viver estes processos. A inspiração vem coroar o processo criativo e afinal de contas de onde vem tanta inspiração? Do mundo secreto das emoções.

As emoções catalisam nossas mentes, que muito mais elevadas alçam vôo e conquistam os confins deste universo, que está fora e dentro de nós. Acessando este todo, podemos ver e ouvir elementos além dos cinco sentidos. Este processo criativo resulta num produto mágico e, quando terminamos, apenas nos perguntamos: "Será que fui eu que fiz?".

Como Michelangelo, que ao receber cada bloco de mármore simplesmente dizia que não era ele o artista da obra. A obra já estava pronta dentro da pedra e que ele apenas iria tirar o excesso.

Uma das etapas mais difíceis de um processo criativo é o retorno. É preciso visitar este mundo de idéias e depois voltar para o nosso dia-a-dia. É difícil, pois quem quer se desconectar de um paraíso de possibilidades infinitas?

Mas existe uma forma. Construa uma ponte com este mundo cheio de amor descobrindo uma inspiração na sua vida. Você vai ver que maravilha ser suprido pelo néctar dos poetas. Se ainda faltar uma ajudinha, lembre-se de que não adianta viver num mundo perfeito sozinho. É a eterna solidão dos sábios, que vêem a magia em aspectos que nem todos são capazes de ver.

Seja altruísta e mostre nos seus exemplos que este mundo maravilhoso existe e é para todos e não para um grupo privilegiado, e você vai ver como o ambiente ao redor começa a ficar muito mais gostoso de viver.

Oportunidade é o que não vai faltar. Já me questionei tantas vezes se estava fazendo a minha parte por um mundo melhor e descobri que existem grandes pessoas com grandes exemplos, mas também existem aqueles que fazem um trabalho de formiguinha.

Trabalhe junto com outras formiguinhas ou simplesmente à sua maneira. O que vale é o resultado do seu trabalho. Mesmo solitário, saiba que você pode fazer muito pelo nosso mundo. É como a lágrima nos olhos de alguém que admira a imensidão do mar. Aparentemente solitária nos olhos do poeta, mas, mesmo separada do mar, vive a unidade de ser da mesma natureza.

A vida nos dá sol e lua, dia e noite, e o livre esforço para que tudo se renove. Existe um dia em que acordamos depois de ter levado "aquela" surra e decidimos viver uma vida diferente.

Neste dia parece que a própria vida, nossa grande amiga e professora, como que numa demostração de bondade por a termos reconhecido e agradecido pelas experiências, começa a nos dar dádivas! Momentos fantásticos, a ponto de quase esquecermos o quanto sofremos.

O prêmio é proporcional à coragem que temos em mudar, em enfrentar os obstáculos que sempre estiveram dentro de nós. Quem é você? Ouse. Exista. Seja puro. Descubra o jardim maravilhoso que existe no seu coração. Experiências doloridas fazem parte da vida, aquele sentimento de que jamais sorriremos novamente. A incrível transformação de quem está acostumado a dar um sorriso largo e se ver num misto de vergonha e dificuldade em abri-lo novamente.

Até que um dia resolvemos abrir uma janela e deixar a luz do sol entrar. A partir daquele dia descobrimos que somente nós podemos cuidar do nosso coração. Ele mora aí dentro e só confidencia a você o que ele realmente quer. Neste dia aprendi que qualquer um pode desistir de você, menos você mesmo.

O Duda me deixa no ônibus e me preparo para dormir.

29 de julho
Araguaína – Carolina
(Simplicidade)

Especial dos Meninos
Etapa 6: Araguaína (TO) – Carolina (MA)
Total do dia: 309km
Deslocamento inicial: 41km
Especial 1: 66km.
Característica: areia, trecho travado, trilhas estreitas, pedras e lombadas.
Nível técnico: 3 curecas
Deslocamento: 15km (haverá travessia de balsa)
Especial 2: 140km.
Especial do Jalapão
Característica: areia e navegação no cerrado.
Deslocamento final: 47km
Nível técnico: 4 curecas
A cidade de Araguaína possui uma boa infra-estrutura, com vôos comerciais. É uma boa opção para deixar ou entrar no Rally.
Fonte: *Dunas Race*

Grace Knoblauch

Antes de partir abastecemos e seguimos viagem para Carolina (MA), um cidade com 29 mil habitantes. Durante a viagem fui checando o sinal do celular para dar o telefonema para a rádio. Mas na hora da entrevista o celular não pegou e mais uma vez ficamos na ansiedade de encontrar um vilarejo.

Estávamos cruzando uma cidade chamada Filadélfia e paramos na rua ao lado de um orelhão. Que calor, que loucura! Enquanto tentava telefonar apareceu um réptil bem comum por aqui – o calango! Ai, que calor! Deve estar uns 45°C mas a sensação térmica é de mais de 100°C.

Falei com a rádio. Foi um horror. Não escutava o Vannucci; acho que dei muitos foras, porém passei o recado. Creio que deve ter sido uma das entrevistas mais ridículas. Mas é assim mesmo – um dia perdemos, mas nossa vida é tão boa que nos dá de presente bem depressa um dia novinho, cheio de oportunidades.

Seguimos até o guichê para comprar o *ticket* de travessia da balsa do rio Tocantins. Era preciso esperar e, como estava com fome, decido comer um pão de queijo numa lanchonete ao lado. O Maurício também estava por lá e, enquanto avistávamos a fila de veículos, ele brincou comigo, dizendo que tanta espera era por culpa da entrevista com o Vannucci.

Como pão de queijo é bom! Olhei para frente e avistei uma pequenina balsa carregando alguns veículos enquanto atravessa o rio Tocantins. Ela liga Filadélfia (TO), onde estávamos, a Carolina (MA), a cidade em que dormiríamos naquela noite. A estimativa era de 2 horas e meia de espera. Um calor insano – decido voltar para o ônibus.

Bem à nossa frente, após uma fila extraordinariamente gigante de caminhões de apoio, estava o rio Tocantins, imponente... lindo... fluindo... e eu dentro do ônibus suando. Saio, atravesso o areião de chinelo em direção ao rio. No fundo da paisagem uma formação rochosa bem característica desta região.

Estou no Pólo da Chapada das Mesas, uma região bem típica do cerrado formada por rochas que parecem mesas ou baús de magnitude silenciosa.

Assim que cheguei à margem, olhei suas águas fluindo. Foi dando vontade de nadar. Aquela água parecia estar tão fresquinha. Eu estava com medo da poluição da água. Coisa de paulista que trabalha ao lado do rio Pinheiros.

Observava à minha direita várias crianças nadando. Estava lindo. Vou sentir saudade daqueles meninos mulatinhos nadando de cuequinha. Livres para exercer toda sua inocência e livres para serem crianças.

A balsa parte carregada com caminhões, *trailers*, pilotos e *motor homes* do *Rally*. As crianças ficam eufóricas. Ela é movida por dois barcos laterais com seus motores. Quando ela começa a sair, as crianças se penduram nos pneus amarrados na lateral ou nas barras de ferro. Depois, quando não agüentam mais, se soltam e voltam nadando até a margem. Uma farra.

Estavam brincando e havia um garotinho nadando de calça *jeans*, muito sorridente. Perguntei se ele queria brincar comigo. Eu segurei nas suas mãos e o girava pela água. A areia do fundo é muito fofa e eu me desequilibrei e caí. Foi a glória das crianças me verem caída de roupa na água.

Já que eu estava por lá... saí nadando até a parte mais funda. Começo a boiar de braços abertos, vendo o sol por de trás das nuvens. Deixando a correnteza me levar... e que correnteza! Eu via a balsa seguindo. Enquanto boiava no rio passava muita coisa pela minha mente.

Quantas vezes estamos diante de momentos tão especiais que queremos que eles parem. Neste momento do rio, o mundo parou. A água estava fresca e o céu, maravilhoso, com um sol ardente. Pensava no trabalho, não no trabalho como atividade honrada que realizamos, mas na loucura que vivemos nos grandes centros. Como tudo ficou longe naquele momento!

Para mim, que acreditava que no *Rally* só existe barulho, pude sentir o silêncio da natureza. O rio, o vento, as crianças, as nuvens e o sol. O único som era o do meu coração que, sem palavras, me contava sobre a magnitude daquele momento.

É difícil expressar em palavras – talvez com um pouco de imaginação possamos nos transportar para um momento simples e magnífico. Sentindo aquela sensação de que podemos viver a pureza do nosso coração que com uma certa dificuldade decide reaprender a admirar coisas simples.

Coração tão acostumado a ser colocado num quarto escuro e ouvir a frase: "Não me atrapalha! Preciso pensar! Preciso raciocinar", quando na verdade ele somente queria ouvir: "Obrigado por você existir, obrigado por me fazer sentir".

Se o seu momento não está mágico, crie um! Se a sua noite está nublada e sem estrelas, procure os vagalumes. O céu passa a ser a terra, com suas estrelinhas verdes acendendo e apagando. Nossas lembranças começam a tornar presente a ausência daqueles que nos dão saudade, tornando real sentimentos raros hoje em dia.

Quando ainda por cima existe uma mão amiga por perto, segure-a bem forte, sinta aquele Eu que habita este corpo, sinta a energia que circula neste ser. Esqueça quem é você. Apenas sinta que somos apenas energia. Voe longe... saia deste planeta, sinta-se perto daquilo que temos de mais nobre dentro de nós. Aquela centelha divina.

Quando vivemos emoções fortes com outras pessoas, formamos uma ligação espiritual. Busque marcas assim com seus amigos. Isso fortalece o elo e assim certamente nos sentimos próximos de tudo que queremos ser. Como é bom ter um amigo nos momentos mágicos.

Quando nos sentimos bem com uma pessoa, podemos ficar horas em silêncio sem nos incomodar. Você pode estar distraído, quando seu amigo o chama para ver a tempestade que se aproxima, para sentir a energia do trovão. Vocês podem ficar horas em silêncio e depois ter a incrível sensação de que passaram o tempo todo conversando. É a magia do mundo das emoções.

Se um dia esta pessoa aparecer na sua vida, agradeça por ela existir. Sabe-se lá quanto cada um já percorreu em termos de tempo e espaço para poder desfrutar deste momento? Agradeça, pois encontros assim não acontecem muitas vezes.

Levanto o olhar e observo na margem – o nosso pessoal resolveu nadar. Que alegria! D. Dora está um barato sentada no rasinho. Maurício vem nadar. Gildo, uma festa! Chega a hora de entrarmos na balsa. Todos correm para o ônibus.

Estávamos sem a primeira marcha e tivemos que contar com o apoio da equipe da balsa. Aparece um trator para nos rebocar até uma rua tranquila.

Salto do ônibus e tiro uma foto e percebo que chegamos na cidade chamando atenção. Não conseguimos estacionar na área das equipes de apoio. Acabamos ficando na rua, na frente da Câmara Municipal de Carolina. Era o local do *briefing*. Ficamos famosos até entre os pilotos. Pois o mundo do *Rally* gira em torno do *briefing*.

Como não estávamos na área preparada para as equipes, tivemos que improvisar nossa infra-estrutura. Mas como o povo brasileiro gosta de ajudar; o dono de uma loja de materiais para construção cedeu sua água, e estava engraçado ver a mangueira atravessando a rua. A energia foi cedida por uma casa ao lado da Câmara.

Olho para o céu e vejo como o pôr-do-sol está lindo. Eu precisava tirar a foto. Saio correndo com a minha máquina buscando uma casa alta, um mirante.

Vejo uma casa com uma janela muito alta, bato algumas palmas e a dona da casa me explica que ali era uma igreja. Pergunto se daria tempo de eu tirar uma foto antes do culto. Era uma janela alta, mas, infelizmente, não tinha acesso. Era enfeite.

Não poderia desistir do pôr-do-sol. Percebi que com um pouco mais de esforço eu subiria no telhado. Dito e feito. Puxei uma escada e subi no telhado. Passou tudo pela minha cabeça. Principalmente o quanto o *Rally* está me deixando moleca e solta.

Quando desci, começo a conversar com mais calma. Ela me ofereceu uma sandália para comprar e claro que eu comprei – afinal, é uma forma de ajudar. Depois ela me ofereceu água e café. Enquanto conversávamos na mesa da cozinha, perguntei se poderia tomar banho. Assim aliviava a situação no *motor home*. Ela deixou! Eu adoro o nosso povo. Eu tinha acabado de surgir, subi no telhado dela para tirar foto, comprei sandália, tomei café, água e ainda por cima poderia tomar banho?

O mais divertido foi quando pedi para pagar por uns minutos no telefone, dizendo que precisava conectar meu *laptop* e mandar umas imagens. Ela me olhou ressabiada. Percebi que estava falando outro idioma. Expliquei que, ao usar o telefone para falar com alguém, ouvimos a pessoa e da mesma maneira hoje em dia existe um outro aparelho, que se chama computador, que nos permite ver imagens e enviá-las por telefone, assim como a voz.

Engraçado imaginar que para ela o envio do som pela linha telefônica é algo aceito, enquanto que imagem já é algo mais complicado. Não ficou absolutamente combinado, apenas dei um grande abraço nessa gente que sabe-se lá quando vou reencontrar. Talvez somente neste livro, na minha memória.

Volto para o ônibus. O pessoal estava lá fora dando altas risadas com os acontecimentos da cidade. Entro, resolvo tomar banho por lá mesmo. Quando estava no banheiro me olhei num espelhinho – hábito incomum há uns bons dias. Quase morri de susto. Cabelo preso de qualquer jeito, uma faixa no pescoço por causa do torcicolo, nenhum brinco, sem falar nas sobrancelhas. Estavam sem fazer! Ai, que coisa horrorosa! Nem um brilho nos lábios. Nada.

Peguei minha pinça, fiz a sobrancelha. Eu já era outra pessoa. Tirei aquela faixa indecente. Uma coisa leva à outra e observei como minhas unhas estavam horrorosas. Passei uma acetona e aproveitei para dar uma lixadinha. Já que estavam quase feitas, o que me custaria passar um esmalte?

Tomo o banho dos deuses. Um fato marcante foi o quando do iria ao me trocar. O quarto precisa ficar com a luz apagada para que possamos nos vestir sem que as pessoas de fora nos vejam. Só que eu podia ver o movimento intenso dos transeuntes lá fora. É uma vergonha velada, pois na verdade é tudo somente na minha cabeça, ninguém pode me ver.

Claro que eu dei muitas risadas quando saí do banho: eu me sentia vaidosa novamente. Já que fui me animando, decidi vestir uma saia pela primeira vez. Passei delineador, rímel e coloquei um brinco bem grande e colorido.

Inaugurei minha sandalinha de palha recém-comprada na igreja e saí toda perfumada. Quando o pessoal me viu, até brincou comigo dizendo que eu não poderia sair daquela maneira. Onde já se viu moça tão bonita? Eles cuidam de mim como se fosse uma irmã.

A idéia era simples, eu precisava de uma folga. Estava ficando estressada e nem percebia – ontem estava no limite. Não tinha nem inspiração para fazer o diário de bordo. O clima é bem agitado e nos mantemos ocupados o tempo todo. Acho que o banho no rio Tocantins tinha feito milagres comigo.

Chega uma hora em que você precisa de PAZ! No meio de tantos homens já estava rindo das mesmas piadas sujas e esqueci que também tenho minhas vaidades pessoais. Por isso que estava adorando aquele banho de beleza. Saí passeando sem pressa.

Sem aquela voz interior dizendo: "Vamos, Grace! Tire fotos! Pegue declarações! Digite o texto! Faça *download* das fotos! Mande o diário de bordo para a assessoria! Corra para a sala de imprensa! Qual a colocação dos pilotos? Qual a pauta para a Rádio News? Entre ao vivo na rádio! Entre agora! Não tem sinal de celular? Se vira! Encontre um orelhão, entre na casa de alguém. Você é ou não é responsável pelas suas atividades?"

Essa sensação me acompanhava dia e noite e eu percebi que não aconteceria nada se eu desse uma volta naquela noite. Nada daquilo de correr para a sala de imprensa. Eu cheguei aqui por um sonho, vim para cá sem amigos, sozinha, dividindo minha privacidade com pessoas que mal conhecia. Era a hora da minha pausa. Sair sem rumo e reorganizar minhas idéias.

Perceber que, mesmo sendo uma entre 1.000 participantes, carrego assim como todos aqui histórias fantásticas sobre o *Rally*. É hora de rever o panorama, como num *trekking*.

São longas caminhadas, com muito esforço, planilhas de navegação, espírito de equipe, percorrendo quilômetros dentro do rio, mas, quando chegamos no topo da montanha, podemos ver o caminho que percorremos, entender o que nos fez chegar até este patamar, entender os processos e definir novos objetivos.

Era isso! Estava subindo na montanha e era hora de entender o panorama, os caminhos que me levaram até aqui. Isso é tão importante no dia-a-dia! A mente precisa de férias para trabalhar de outras formas. Engraçada essa sensação – embora eu esteja longe de casa, sinto a presença de todos superforte.

Não estou com saudades, afinal sei que tudo isto aqui é passageiro e, de certa forma, as experiências do dia-a-dia preenchem o meu tempo. Nada melhor do que sair um pouco de casa para sentirmos quem realmente somos e nossa origem.

Atravesso a rua e logo à frente encontro uma pizzaria! Enquanto espero ela ficar pronta, o Zinner aparece – que surpresa de novo! Desde Porangatu que não o via. O *Rally* tem disso: é tanta coisa para fazer e tantos lugares para estarmos ao mesmo tempo que mal cruzamos com nossos amigos.

Nós acabamos rachando a pizza e tomamos suco. Eu de cupuaçu e ele de açaí que lá no Maranhão se chama jussara. O Zinner está com uma câmera bárbara e ficou me mostrando as fotos dos pilotos enquanto terminávamos a pizza.

Fiquei impressionada com uma foto: era a de uma menina de uns 3 anos brincando com um porquinho e no fundo havia uma carne esticada por uns paus, "secando". O Zinner estava completamente Zen – ele tinha conseguido um tempo para visitar umas cachoeiras e estava maravilhado com tudo aquilo.

Aqui é o meu país. Como este povo pode falar a mesma língua que a minha e em certos momentos parecemos tão diferentes? Qualquer estranheza se desfaz quando sinto o olhar de cada um e parece que uma chama acende, parece que corações são ligados numa sintonia.

Resolvermos dar uma volta pela cidade de noite. Passamos pelas equipes e fomos quase até o rio Tocantins. Na volta passamos por uma casa e avistamos ao fundo um casal assistindo à novela de mãos dadas. Muito lindo. Eles nos viram, demos um tchau e um passo a frente.

O Zinner continuou mas eu queria entrar, mas sem incomodar. Eu falava: "Zinner! Péra aí! Deixa a dona nos ver. Vamos conhecer a casa dela" Ele respondia: "Tá doida, deixa pra lá". Para minha alegria a dona da casa sai e vem nos receber. Ela estava muito alegre e acabamos entrando.

Ela mostrou toda a casa e principalmente o seu pé de manga ao fundo. A cozinha era muito limpinha. Conheci um tipo de suporte de panela bem típico por aqui. É um cone repleto de panelas brilhantes. Ela falava com orgulho: "Passou o avião e voou com toda a minha roupa". Na verdade ela se referia a algum helicóptero da organização que soltou suas roupas do varal.

Tomamos água e o Zinner se animou com umas fotos por lá. Conseguimos uma foto com todos daquela casa. Estava tão gostoso estar com eles. Como é horrível você estar com uma pessoa e saber que dali há alguns instantes será a despedida.

Eu sabia que no dia seguinte iríamos partir e que este momento com aquela família era único. Mas é assim mesmo. Independente de ter que partir, aproveitei a companhia daquelas pessoas simples. Ficamos batendo papo. Falando sobre temas do cotidiano deles, como a maravilha que é Carolina, o desemprego em geral e assim por diante.

Carolina me ensinou uma das lições mais importantes lá no sertão brasileiro – um lugar inóspito do nosso país em que pude ver no olhar das pessoas a pobreza árida daqueles que não fazem a menor idéia da realidade em que vivemos nas metrópoles. Ao mesmo tempo recebi muito mais amor do que dei, conheci adultos com olhar de criança e por muitas vezes me perguntei onde foi parar a pureza do ser humano? Brinquei com crianças no rio Tocantins e tomei café na casa de gente desconhecida.

Isso me mostrou que, por mais competitiva que seja nossa vida nos grandes centros comerciais, existe um ser humano que necessita de atenção e de manutenção. Com este carinho, seja da família, dos amigos, tudo fica mais fácil.

Saímos da casa e o Zinner quis ir até a equipe dele doar umas camisetas. Lamentei estar sem minha máquina. Terminei a noite na mesma pizzaria do início. A equipe estava por lá e eu me juntei a eles para conversar. Eu aproveitei para tomar meu quarto copo de suco de cupuaçu. Carolina deixou saudade.

30 de julho
Carolina – Barra do Corda
⬇
(Espera)

> Etapa 7: Carolina (MA) – Barra da Corda (MA)
> Total do dia: 436km
> Deslocamento inicial: 230km
> Especial: 202km.
> Característica: velocidades baixa, média e alta, além de muita areia e depressões na pista
> Deslocamento final: 4km
> Nível técnico: 4 curecas
> Neste trecho haverá grande reta com aproximadamente 30 quilômetros. Neste ponto os competidores devem bater o recorde de velocidade da competição. Alguns carros devem chegar perto dos 200 quilômetros por hora.
> Fonte: *Dunas Race*

●●➡ *Grace Knoblauch*

Até agora excepcional, o ônibus agora precisava de mais uma manutenção para continuar o caminho. Paramos em Estreito (MA) e estacionamos debaixo de uma árvore. D. Dora aproveitou que vamos ficar bastante tempo por aqui para preparar nosso almoço. Eu aproveitei para ligar para a Rádio News e avisar que daria para fazer a entrevista e senti que hoje seria diferente.

Nosso destino a Barra do Corda (MA), cidade com 71 mil habitantes, seria atingido mais tarde do que pensávamos. Enquanto partia para tentar um novo telefone público, encontro o Tadeu e explico que precisava dar um telefonema. Ele me convida a entrar em sua borracharia e descubro que lá também era a sua casa. Não tem sala, apenas uma parede separando o quarto e ao fundo algumas galinhas no quintal.

O telefone ficava no quarto. Não poderia estar mais confortável dentro de todas as opções que já tive no *Rally*. Sentei na cama, espalhei as apostilas e meu caderno com a pauta repleta de papéis e resumos de possíveis assuntos.

Uma entrevista diferente nasce de um estado diferente de consciência sobre como estamos. Creio que os contatos com as pessoas simples e amigas da região de Carolina foram trazendo uma Grace que eu já sentia saudade há muito tempo. Enquanto não chegava a hora de ligar para a rádio, conversava com Tadeu sobre as belezas naturais da região.

Tadeu contou sobre um rio que "arrupeia os pêlo todo quando você sente ele passando pelas paredes laterais". Ele falava com lágrimas nos olhos e os pêlos do braço realmente começavam a arrepiar. Que incrível! Aquele homem não estava emocionado por falar de dinheiro, mulheres ou poder. Ele falava do rio, do tremor, do barulho e da força da água. O aflorar das emoções parece algo muito mais acessível para estas pessoas.

Eles têm acesso ao fundamental do essencial e com menos elementos conseguem se adaptar com mais facilidade. Eles buscam o simples e nós aqui tantas vezes cheios de superestruturas não atingimos nem um pouquinho da felicidade que estas pessoas vivem no seu dia-a-dia.

Depois de encontrar estas pessoas, passei a admirar a humildade do homem simples. Vivemos momentos mágicos no *Rally* e perguntamos: "Para quê tudo isso?". Parece que estas experiências vão se esvair com o tempo. De fato isto pode acontecer, mas existe um resultado emotivo embutido em cada troca, cada olhar, cada aperto de mão. Essa emoção é atemporal e acredito que ela fique armazenada dentro de nós de alguma maneira.

Esta emoção resulta num misto de liberdade com segurança. Passamos a admirar adversidades e buscar na simplicidade a magnitude do Todo.

Como um agricultor que explica emocionado o momento certo de plantar e de colher. A sabedoria do homem simples, o encontro com um mundo diferente do meu. Era a senha para abrir meu coração para as adversidades. Passei a me sentir jornalista da minha própria vida, aprendi que o sucesso da matéria depende do quanto conseguimos deixar nosso mundo de lado e penetrar no imaginário de quem está se dispondo a contar seus sonhos. Eu percebi que qualquer acontecimento pode se transformar num furo de reportagem. Depende do que pretendemos transmitir e o quanto nos entregamos.

Uma felicidade diferente aparece no rosto dessa gente sofrida, que raramente consegue comprar as suas próprias terras. A casinha serve de moradia, mas também é abrigo para secar algum feijão em dia de chuva. Os móveis da sala são tábuas e tijolos e em geral eles se sentam à distância, acho que como um sinal de respeito. Eles sabem repartir o pouco que têm, mesmo que sejam bananas recém-colhidas, e te oferecem com orgulho um café que eles mesmos plantam. Existe privilégio maior? Saborear o café feito pelas mãos de quem o plantou?

Sem planejar, acontecem situações especiais na vida e de uma hora para outra você pode se deixar levar pela emoção ao observar as mãos desgastadas com o tempo e as expressões de um rosto que aparenta ter muito mais idade do que realmente tem. Quanta vida está por trás destas pessoas?

Comecei a observar o quarto e me vi sentada na cama do borracheiro. Havia três quadros – um do Rambo e dois de Nossa Senhora. Ele ligou o ventilador e trouxe uma água geladinha. Sentia-me como uma princesa bem tratada. Eu tinha levado muitos vícios de São Paulo, muita casca grossa de medos e malícias. Era ótimo estar lá vivendo situações diferentes.

"Alô Você Vannucci..." E assim começava mais um dia de entrevista, com detalhes sobre o *Rally* e os desafios dos pilotos. Toda aquela emoção que eu vinha sentindo começou a aflorar, a crescer e a sair.

Assim que ele me perguntou sobre como anda a receptividade do pessoal me veio como num *flash* todo carinho que andei recebendo do povo daqui – fomos tratados como reis por pessoas que mal têm para si. Era a hora de tentar resgatar nos ouvintes as emoções que estavam latentes dentro de mim.

Tive uma espécie de "eureka" a partir daquela pergunta. Estava vivendo uma seqüência de emoções que foram me levando a um estado de consciência muito superior, um sentimento que não existe no meu dia-a-dia, vivendo de forma nômade entre homens simples. Aquele grande mistério que me moveu até aqui passa a se transformar em descoberta.

Por uma incrível coincidência estava presente na rádio um maranhense e o mais incrível é que ele apresentava seu CD com músicas tocadas num violão. Ele fazia um solo maravilhoso enquanto eu expressava todo amor que estava sentindo.

Começa a se encaixar tudo e aquela pergunta – "O que eu vim fazer aqui?" – começou a ser respondida sob a forma do sentir. Onde foi parar o homem primitivo? Onde foi parar o homem puro?

A grande emoção está quando percebemos que estamos sentindo esta natureza e entendemos a força que o *Rally* tem em resgatar o que temos de puro no coração. Viver de forma simples e livre, sem bloqueios e cheios de esperança. Esta natureza está aqui, há milhares de anos nos observando, nos acolhendo, sendo irmã e mostrando a sabedoria do Pai.

Queria ser uma artista para retratar aquele instante, ter a facilidade em ligar este mundo de amor e idéias com o nosso coração, entender o não-inteligível cerebralmente, somente com o coração. Momento de reflexão e reorganização de idéias.

A arte é capaz de libertar a mente e uma mente livre pode encontrar a essência pura e selvagem do homem – é fazer magia com cores e formas e descobrir a si mesmo dentro do belo.

Procure na matéria e você não encontrará a essência da vida. Procure no espírito e encontrará a magnitude e a perfeição do divino – é uma questão de fé.

Só sei que é este um dos grandes desafios – viver no "jogo" da vida sabendo que dentro de nós mora a pureza, o homem simples, a índia, o lobo solitário e a esperança. Temos que procurar manter esse EU vivo – é ele que guarda a chave sobre quem somos.

Foi mágico. Eu pude finalmente passar um sentimento ao vivo. Algo emotivo... sutil... ligado ao que existe de mais puro no ser humano. Falei de amor, de miséria. Da busca entre o ser e o ter. O que vale nessa vida?

Quando foi acabando comecei a ter uma vontade incontrolável de chorar – é aquele tipo de "eureka" que não entendemos de onde vem nem para aonde vai. Liguei para casa e minha família tinha ouvido. Estávamos chorando.

Esta mensagem foi muito importante. Pessoas ligaram emocionadas no dia seguinte, e o próprio radialista (Fernando Vannucci) disse que aquele havia sido o melhor boletim. É o Brasil... tão pobre e tão rico... dar a devida importância ao TER, mas dar muito mais atenção ao SER.

Assim que acabou a entrevista encontrei o Maurício na borracharia, demos um abração e sentimos aquela emoção de cumplicidade sem palavras. Este é o maior tesouro do Rally.

Quebrando completamente este assunto, tesouro bom é a peça certa na hora certa. Agora estamos esperando uma peça do ônibus. Oxalá chegue logo. Já eram 8 da noite e ainda tinha muita estrada pela frente. Estávamos muito cansados, tínhamos passado o dia inteiro naquele local na beira da estrada.

Conforme os carros passavam, mandávamos um recado para os nossos pilotos, avisando que já estávamos a caminho. Neste meio tempo falei ao telefone com a esposa do Maurício, buscando levar uma palavra doce para quem tem saudade e está longe para dar um abraço.

Eu estava num clima de tranquilidade apesar de todos os problemas mecânicos que estávamos enfrentando. Subi no teto do ônibus e fiquei contemplando as estrelas com o Bonitinho. Ouvimos a equipe nos chamar. O ônibus estava pronto e era hora de partir.

Já era noite quando seguimos viagem. Estávamos em silêncio quando alguém resolveu perguntar qual animal cada um sabia imitar. Ouvi galo, cachorro, gato, cavalo e até eu imitei um javali! Quando a brincadeira cansou começamos a cantar músicas tiradas do fundo do baú, décadas atrás. Lembrei do nosso hino nacional. Um pouco tímida, comecei a cantar.

Que orgulho de morar neste país e sentir cada parte dele pulsando em mim! Na minha frente via a estrada passando iluminada apenas pelos faróis. Ao redor homens cansados com a barba por fazer mostravam o orgulho por este país cantando nosso hino. Todos olhavam para frente e às vezes eu observava os olhares brilhantes de cada um. Estávamos no coração do Brasil, seja o geográfico seja aquele que carregamos no peito. Chorei baixinho.

Por estar de noite a imaginação voou mais alto – eu sabia que atravessávamos uma região de tribos indígenas e, por não conseguir avistá-los, eles poderiam estar em qualquer lugar. Numa noite escura como aquela, parecia que eles estavam em todo lugar.

O hino nos deixou na mesma sintonia e nos dava esperança para seguir.

31 de julho
Barra do Corda – Barreirinhas

(Angústia)

Especial do Vietnã
Etapa 8: Barra da Corda (MA) – Barreirinhas (MA)
Total do dia: 553km
Deslocamento inicial: 228km
Especial 1: 132km
Característica: especial travada de cascalho, com erosões, buracos, depressões e boa navegação.
Deslocamento: 110km
Especial 2: 66km.
Especial das Deps
Característica: erosão, depressões e areia
Deslocamento final: 17km
Nível técnico: 4 curecas
A primeira etapa especial será difícil devido ao grande número de depressões no solo.
Fonte: *Dunas Race*

••➡ *Grace Knoblauch*

O dia estava lindo e quase todas as equipes já tinham partido. Nem sinal dos pilotos – deveriam estar seguindo para Barreirinhas. Entrei numa pousadinha onde havia sido o *briefing* e pedi fruta: saboreei cada pedacinho do abacaxi e do mamão. Como fruta faz falta!

Realmente o local é lindo! Estava me sentindo muito bem. Sentada, relaxando e observando a paisagem. Havia muitas árvores que terminavam num rio. O rio Corda é tema desta cidade. Fui andando até ele e não resisti. Entrei de roupa mais uma vez. Que rio delicioso... ainda mais por saber que ele corta uma reserva indígena e muitas vezes é usado como meio de navegação para a região.

Quase fui levada pela sua correnteza – nunca tinha passado por isso, é impressionante a sua força. Comecei a gritar ajuda, mas consegui chegar na margem a tempo e depois apenas dei muita risada com aqueles que já estavam se preparando para pular na água para me salvar. É isso que dá dar uma de turista bocó.

Hoje, escrevendo este livro tenho saudade daquele rio carregado com as emoções das aldeias indígenas. Carregado de alívio, carregado de pureza e instinto primitivo.

Voltei logo para a equipe. Já era hora de continuar. O clima estava complicado. Recebi a notícia de que apenas o Luis tinha estado em Barra do Corda e tinha partido logo de manhã para Barreirinhas. Hoje seria um dia bem difícil. Não tínhamos nenhuma notícia do Éderson.

Estávamos perto geograficamente mas longe em termos de comunicação. Ficamos sabendo pela Irê, de São Paulo, que

O Luis tinha chegado, mas, após ver que o seu amigo Éderson demorava a chegar, entrou em desespero. Onde estaria o Éderson neste meio do nada? Neste momento nossa mente se transforma num terreno fértil que oscila entre a esperança e o terror.

Ele ofereceu o dinheiro que fosse pelo resgate do amigo, mas os helicópteros já haviam sido utilizados e não havia mais o que fazer naquele momento. Ninguém sabia dizer o que estava acontecendo com o Éderson, que, além de tudo, estava sem rádio.

Entramos num dilema seríssimo sobre continuar na estrada ou voltar para Barra do Corda e esperar pelo Éderson. Que situação! Se continuássemos passaríamos a ficar cerca de 1.000km de distância dele e se permanecêssemos correríamos o risco de, além de não encontrá-lo, não poder dar amparo ao Luis em Barreirinhas.

O estresse estava absurdo, todos querendo falar e ajudar. Mas somente uma decisão deveria ser tomada. Decidimos continuar, seguindo a lógica de que o *Rally* e sua estrutura têm seu ritmo e seu itinerário – de o que adiantaria ficarmos por lá esperando pelo Éderson se nem mesmo ele sabia disso? Além de tudo, sabíamos que o Luis tinha seguido.

Seguindo viagem começamos a enfrentar outro problema: dar notícias para São Paulo. Como poderíamos dar qualquer notícia que seja se não tínhamos sequer da própria organização do *Rally*? O desespero começou a aumentar. Nessa hora, qualquer experiência acumulada no *Rally* em lidar com estresse começou a dar sinais de fraqueza.

Assim que paramos num posto eu telefonei para São Paulo e tentei falar com a nossa assessoria de imprensa – quem sabe eles conseguiam falar com a organização... algum celular que seja? Mas o que adianta celular neste lugar? Sempre cai na caixa postal.

Assim, voltei ao ônibus e não dei nenhuma notícia, pois não havia nenhuma para dar. O sentimento foi o inverso, como se eu estivesse escondendo uma notícia pior. Raiva, desconfiança, estresse, angústia. D. Dora, mãe do Luiz, começa a chorar temendo pelo pior, Sr. José começa a gritar. Enfim, vivemos o caos dentro do ônibus.

Meu objetivo e de toda a equipe era retomar a harmonia e o controle das emoções, para que pudéssemos pensar com mais clareza. Eu vivi um dos momentos mais nervosos e tensos quando o Sr. José não entendia como uma pessoa responsável pela notícias – EU – não sabia o que tinha acontecido.

Realmente não havia como ter naquele momento – são quilômetros que nos separavam. Começou a chover. Chover aqui no Sertão? Seguimos viagem em silêncio.

O caminho para Barreirinhas (MA) era muito difícil. Enquanto seguíamos na estrada de terra víamos caminhonetes de apoio voltando. O que estava acontecendo? Era o tipo do terreno impossibilitando nossa passagem. A estrada de terra formava crateras fundas que nos engoliam. Era preciso voltar e, antes disso, manobrar.

De volta ao asfalto seguimos para Barreirinhas. Estava sentada na parte da frente observando a paisagem tropical. Era lindíssima num visual asiático com palmeiras de folhas parecidas com leques abertos. É muito bonito observar a transição da paisagem desde o início da viagem em São Paulo.

Assim que chegamos, minha vontade era recuperar o tempo perdido. Voei para a sala de imprensa, mas já era noite e não deu para pegar sequer uma notícia fresca. Apenas um pedaço de papel impresso no chão com uma notícia velha sobre o *Rally*.

Corri para a oficina de apoio em busca de outras informações, mas nada. Ninguém sabia de nada. Apenas que o Avê havia partido em sua caminhonete na busca do Éderson.

Ele partiu numa lógica simples: buscou os pontos de controle em que o Éderson havia passado e, quando encontrou uma seqüência sem registro, percebeu o ponto em que ele estaria perdido. Saiu com o objetivo de percorrer estrada por estrada. Indo e voltando por cada uma.

Já era noite e eu sentei numa cadeira de praia no meio da oficina enquanto o Éderson não chegava. Estava esfriando e eu fiquei com os braços dentro da camiseta. Peguei no sono. Acordei com a notícia de que o Éderson tinha chegado! Voei para o ônibus e lá estava ele.

Quase chorando pela alegria de encontrá-lo, eu o abracei. Estava prestes a viver uma das emoções mais lindas do *Rally*.

A pergunta não calava: "O que aconteceu?" Ninguém conseguia entender – o nosso piloto estava em 2º lugar e tinha tudo para marcar sua estréia.

Durante o percurso ele se perdeu e caiu numa vala. Num calor de 40ºC, usando uma roupa de couro pesada e quente, ele tentou sair e tirar o veículo, mas não conseguiu. O cansaço era tanto que ele não tinha força para mais nada. O tempo foi passando até chegar a noite. Ele estava só. Num lugar sem habitantes, no meio do sertão, no meio da natureza.

A corrida do *Rally* já estava perdida, mas aquela que todo homem tem dentro de si estava apenas começando. O céu estava repleto de estrelas, ele começou a sentir solidão, a ficar preocupado com a equipe, com a família. Ele estava sem o rádio e a água havia acabado. Começou a olhar o céu... chegou a contar mais de 50 estrelas cadentes e a cada uma o pedido era um só... CHEGAR. Dormiu ao relento.

Assim que amanheceu, ele andou 6km até a próxima casa. Encontrou a D. Belissa, uma senhora que o alimentou, deu de beber e fez ele se refrescar no rio. Ele foi com o filho desta senhora montado num jegue até o próximo telefone avisar a equipe, e depois voltou até o quadriciclo, amarrou no jegue e tirou do buraco.

Quando o Éderson chegou de novo na casa da D. Belissa, encontrou o Avê que já o estava esperando. Estavam a cerca de 1.000km de distância e mesmo assim eles se encontraram. Que meio de comunicação é este? O Avê sabia o caminho e eles voltaram juntos e finalmente estavam entre nós. Eram 4 da manhã – nós o recebemos com lágrimas nos olhos.

Ele ficou dois dias fora do Rally, estava com uma crosta de casca de ferida nas costas devido ao seu machucado, dormindo ao relento sem ter se alimentado direito e estaria largando dali 4 horas. Eu perguntei: "Acabou o Rally para você?" E ele me respondeu: "Não".

Neste momento eu percebi que o Rally é um cenário e que o verdadeiro Rally se trava dentro de nós. Quantos Rallys nós vivemos no nosso dia-a-dia? Quantas vezes será que desistimos antes de dar a última gota de esforço? Entendi mais o significado da palavra LIMITE. O limite do Rally da sua vida, do seu trabalho e das suas capacidades quem dá é você. Coragem a todos! A manutenção deste limite é algo extremamente natural quando temos algo chamado fé.

Eu já tinha trabalho pela frente e logo escrevi a história para enviar para a mídia.

1º de agosto
Barreirinhas – São Luiz do Maranhão

(Amizade)

Etapa 9: Barreirinhas (MA) – São Luís (MA)
Especial do Afonso
Total do dia: 369km
Deslocamento inicial: 0km
Especial : 93km
Deslocamento final: 276km
Chegada na Praia do Calhau
Característica: Primeiros 30 quilômetros de areia pesada e trilha bem sinuosa e estreita. A navegação será por GPS depois dos 30 quilômetros iniciais, lembrando bastante a primeira etapa do Rally Rota Sul, disputado no Rio Grande do Sul, em abril.
Fonte: Dunas Race

●●➡ *Grace Knoblauch*

Estávamos em Barreirinhas (MA), cidade da região dos Lençóis Maranhenses, um paraíso ecológico formado por dunas e lagoas de águas doces e coloridas (verde, marrom, azul e preta, devido à vegetação e ao solo), com 38 mil habitantes. Para quem teve a oportunidade de observar o parque do alto, poderia ver que a origem do seu nome vem do aspecto formado pelas dunas, que mais parecem lençóis jogados de qualquer forma sobre um solo arenoso e imenso.

Logo pela manhã comi um bolo de chocolate delicioso feito pela D. Dora com café fresquinho. Os pilotos partiram e, independente da ordem de largada, decidiram terminar o *Rally* juntos, percorrendo uma região inóspita do Brasil, preenchidos pelo calor da amizade.

A amizade é assim – mesmo estando no meio do nada, você tem tudo. Se você estiver numa multidão de pessoas, mas não puder chamar nenhuma de amigo, você estará vivendo o mesmo deserto dos Lençóis Maranhenses dentro do seu coração.

As metrópoles estão repletas de pessoas solitárias, sem amigos ou sequer uma companhia para dividir as emoções do dia-a-dia. A busca pelo ter materializou muitas manifestações emotivas, que, aprisionadas dentro de padrões da sociedade, acabam se enfraquecendo e praticamente sumindo.

Qual foi a última vez que abriu seus braços e ficou olhando para as nuvens que se formavam no céu, anunciando uma tempestade que se aproxima? Quando foi a última vez que você sentiu essa força? Talvez você nunca tenha feito e, se fez, agradeça por ainda poder se emocionar com momentos simples da natureza e por ainda saber sentir e respeitar a força de uma tempestade que se aproxima.

Esse sentir funciona como um radar para encontrarmos pessoas que também são assim. Vive sozinho quem não estende sua mão para ajudar. Quem ajuda alguém descobriu que este é o único caminho da verdadeira felicidade. Difícil? Não sei, hein. Talvez uma questão de prioridade. Quais são as suas prioridades? O que te encanta? O que te desanima? Quem são seus amigos? Eu tenho amigos e posso garantir que sem eles eu não presto para nada nessa vida. Eles são minha razão de estar aqui e por eles eu acordo todos os dias. Seja pelos amigos conhecidos e por aqueles que ainda estão por vir.

Neste clima de amizade, os pilotos seguiram para São Luiz, Praia do Calhau. E lá fomos nós para a chegada, esperançosos em recebê-los.

A chegada foi armada na avenida e lá estava eu no meu último dia de *Rally* ao lado da Sayuri, somente lidando com a chegada de todos. Euforia no ar. Pilotos de motos, carros e caminhões chegando. Estavam exaustos e certamente contentes por terem respeitado o tempo, a conquista diária.

Lá estavam os pilotos. Prontos para serem abraçados pelas famílias que os esperavam com camisetas personalizadas. Naquele momento entendi a razão pela qual muitos pilotos deixam de lado a barba e um banho caprichado mas se renovam no último dia.

Pensei em épocas de cavaleiros e donzelas. Homens de bravura e coragem arriscando sua vida por um sonho. Os cavalos se transformaram em motos, os cavaleiros em pilotos, mas a garra, o homem selvagem e o instinto não mudaram.

Entro ao vivo na Rádio News dando meu último boletim. Depois de todos esses dias ao vivo, estávamos de frente para a Praia do Calhau.

Todos falam que o *Rally* é paciente e que ele tem 10 dias para te testar. O piloto de moto Juca Bala estava na liderança e foi um dos últimos a completar a etapa de Barreirinhas. Ele teve calço hidráulico em sua moto ao passar por uma das áreas alagadas dos Lençóis Maranhenses. O piloto permaneceu no local alertando aos demais pilotos que atravessassem pela lateral do rio. Após a última moto, ele tirou sua moto do rio, virou de ponta-cabeça, tirou o tanque, a vela e a fez pegar.

Fiquei impressionada com o que aconteceu, pois eu já vivia um clima de vitória pelo piloto que tinha disparado na frente. Ele perde no último dia, no último momento. Realmente o *Rally* é resultado de uma conquista diária e vence aquele que cumpriu da melhor forma a competição como um todo.

Eu poderia falar sobre a sensação do inevitável, quando sabemos claramente que demos o nosso melhor, passando dia após dia em solidão, percorrendo quilômetros atrás de quilômetros e, após tanto esforço, nos depararmos com este desfecho que contradiz uma curva tendencial.

Por mais que ele tenha se esforçado, passado fome, calor, cansaço e sempre liderado a prova, existe algo muito maior nesta vida. Algo que vai além da idéia de merecimento que cada um tem de si. Uma justiça incrível traduzida nesta engrenagem perfeita em termos de tempo e espaço.

Isso não nos deixa mais fracos diante do inevitável, mas certamente mais abertos para as inúmeras possibilidades e surpresas desta vida. É preciso reconhecer que existe algo maior. Algo muito além desta carne, algo incrivelmente perfeito e belo.

Como a paz que existe no fundo do mar, estática. É um silêncio especial, com sutis toques de pequenas manifestações. Sabemos que não pertencemos àquele modo de vida, mas mesmo assim conseguimos penetrar na essência dele. Isso se deve ao fato de estarmos imbuídos por um sentimento de respeito. É um respeito dentro de um conceito muito maior.

O respeito pela inocência dos peixes, o ritmo das ondas, a transparência de uma água viva. Quando acontece algo surpreendente, algo tão lindo, tão simples e tão especial. Harmonia. São estágios desta viagem que fazemos dentro de nós. Quando chegamos na harmonia, quase esquecemos que somos parte e passamos a conviver no todo.

Essa energia é manifestada sempre, em tudo. Ela é a vida em sua essência. Por isso que mesmo tendo tudo para ser o primeiro lugar nada pode garantir que isto irá acontecer – existe algo maior, muito além da nossa compreensão.

Eu estava esperando os pilotos para me despedir e seguir viagem. Minha tarefa estava cumprida, o meu *Rally dos Sertões* havia terminado. Enquanto eles não chegavam resolvo dormir já que às três da manhã era o meu vôo. Assim que o despertador toca, encontro os pilotos lá fora. A despedida foi muito rápida pois o táxi me esperava para a corrida até o aeroporto.

Era um sentimento estranho, pois havíamos vivido emoções muito fortes nos últimos dias e eu não entendia muito bem o que eu estava sentindo. Era tudo muito misturado na minha mente e no meu coração.

O *Rally* havia se mostrado, eu encontrei muito mais do que tinha procurado e não sabia mais para onde ir. Sabia que tinha que voltar para São Paulo, mas não queria me despedir de uma Grace que talvez fosse se perder com o passar dos dias na cidade.

Eu não queria deixar aquele sentimento de liberdade que foi descoberto em 10 dias de exercício diário de tolerância, amizade, alegria, inocência.

Participar de uma prova como essa nos faz mais humanos, existe uma transformação entre os participantes. Vamos nos tornando mais puros. Por isso todos choram quando o *Rally* termina.

Encontramos um EU que reconhece no olhar dos seus amigos o mesmo pulsar. O sorriso sai naturalmente, o abraço é conseqüência. Só existe o sentimento de agradecimento no ar.

Voltar é muito difícil. Dois mundos estariam prestes a se chocar. Estive vivendo uma imersão ao interior por 10 dias e em apenas algumas horas estaria em São Paulo. Coragem para aceitar desafios, aprender com eles e retornar como uma pessoa diferente.

Chego no aeroporto. Meu vôo estava próximo. Entro no avião sozinha e volto meus pensamentos ao meu redor. Estavam diversos participantes e o assunto era um só: *Rally*. Seja o cansaço do dever cumprido ou as expectativas para o ano que vem. Eram histórias que ao sabor de um término de sucesso se transformavam em verdadeiras lendas. Parecíamos crianças trocando nossas experiências. Percebi que todo mundo passou por muitos apuros.

Os pensamentos rondam minha mente. Eu não consegui enviar um e-mail sequer na sala de impresa e mal consegui tirar as fotos dos pilotos de dia, pois eles chegavam de noite aos pedaços ou nós não chegávamos a tempo para recebê-los.

Isto é o *Rally* – esse caldeirão de contratempos e exercício motivacional de sentir que sempre há o dia seguinte repleto de oportunidades e que isto se chama VIDA.

A despedida é sofrida, é como se não quisesse dizer adeus a esta Grace que reconheci – tentei não dizer adeus, tentei não sentir saudade, tentei não esquecer, mas sabia que quando marcamos nossa vida com emoções perpetuamos suas lembranças.

O que me baratinou no *Rally* foi este resgate. E a pergunta em mim é uma só: "Achei o que vim buscar?" É isso! Achar a essência da nossa origem e de quem somos e perceber um sentimento de comunhão com a maravilha que nos une e nos faz irmãos.

Acho que viver neste mundo é glória absoluta. É encontrar dentro de si mesmo a eternidade e o amor do Criador.

O avião pousou.

Assim que desembarquei fui direto para casa. Cheguei sem avisar.

Meu coração estava cheio de amor.

Toquei a campainha.

Torci para ser minha mãe.

Afinal... ela é a mais chorona da casa...

Por sorte foi ela que atendeu...

Falo no interfone: "Tem um pão velho para uma filha que chega do Sertão?".

FIM

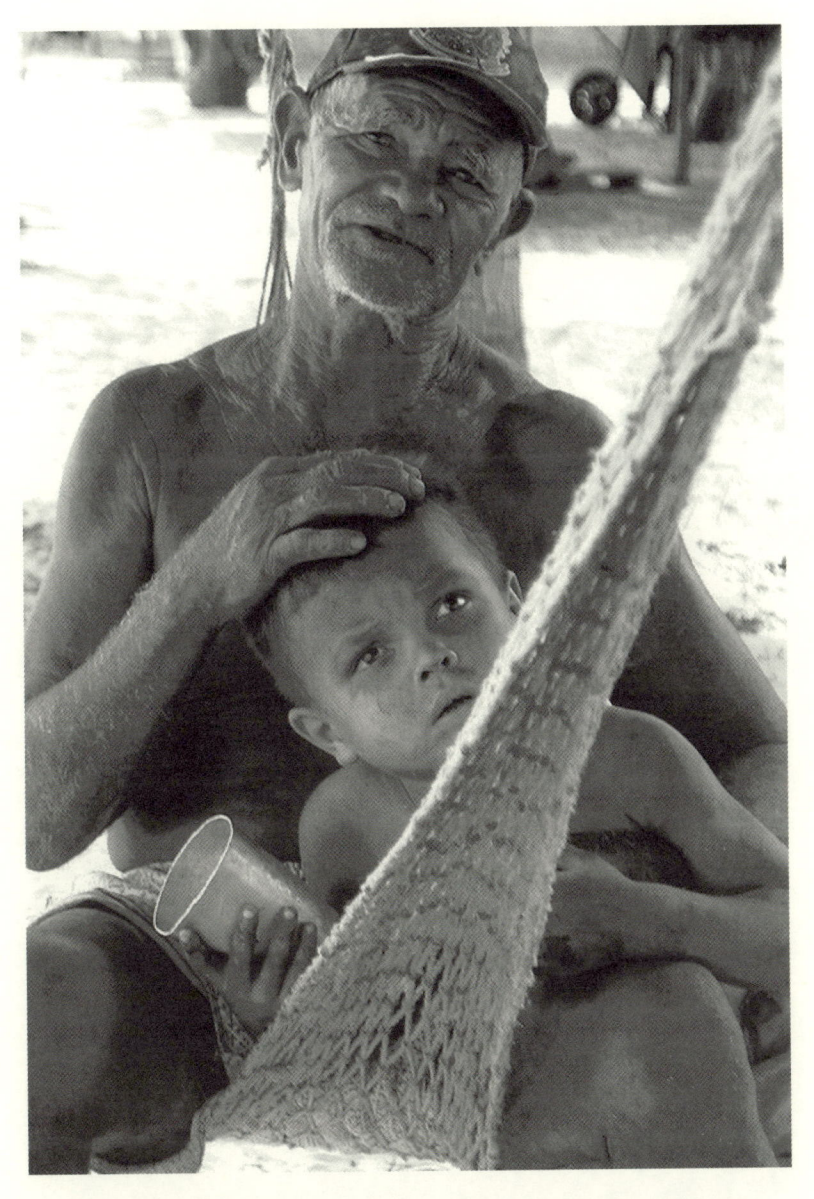

"O homem e o menino ligados pela emoção e pela responsabilidade. O homem ampara a criança. Ele fez o que pôde diante da dura realidade que enfrenta. O menino que carrega um copo vazio, é o legado da seca trazido por gerações, a aridez de seu solo quente, olha um futuro incerto, numa dúvida sobre o que foi, é e será!"

e-mail da autora:

diariorally@ig.com.br
ou
livrorally@yahoo.com.br

Entre em sintonia com o mundo

QualityPhone:
0800-263311
Ligação gratuita

Qualitymark Editora
Rua Teixeira Júnior, 441 – São Cristóvão
20921-400 – Rio de Janeiro – RJ
Tel.: (21) 3860-8422
Fax: (21) 3860-8424

www.qualitymark.com.br
e-mail: quality@qualitymark.com.br

Dados Técnicos:

• Formato:	14×21cm
• Mancha:	10,5×17,7cm
• Fontes Títulos:	Humanst521BT
• Fontes Texto:	Serifa BT
• Corpo:	11
• Entrelinha:	13,2
• Total de Páginas:	164

Impresso por:

Edil
Artes Gráficas

Tel/Fax: (21) 2501-7560
E-mail: grafica.edil@openlink.com.br